縁起に基づく無我・生死

武田宏道 著

永田文昌堂

はしがき

仏教の教えの根幹となるものは、もの皆すべて諸縁によって生起するという「縁起」の理であり、これによって、さまざまな諸現象の起こることが説明される。このことを如実に示すものが、つぎの『スッタニパータ』六五四の所説である。

世の中は行為によって成り立ち、人々は行為によって成り立つ。生きとし生ける者は業（行為）に束縛されている。――進み行く車が轄《くさび》に結ばれているように。*

このなか、「世」は、漢訳では「世間」と訳され、山川国土などの環境を包摂する宇

＊ 中村元訳『スッタニパータ』一四一頁の訳である。村上真完・及川真介『仏のことば註(三)――パラマッタ・ジョーティカー』（春秋社、一九八八年）三六七―三六八頁にこの頌の内容が説明されている。

宙空間であり、器世間といわれる。「生きとし生ける者」は、漢訳では「有情」と訳され、器世間に住む、人間もふくめた生き物であり、有情世間ともいわれる。したがって、仏教で使用される「世間」の語には、器世間と有情世間とが含まれる。また、「業」は、有情の行為であり、有情の営む生命活動である。これには、見聞することのできる人間などの行為や、見聞しにくいバクテリヤなどの微生物の活動などがある。それらはいずれも、生き物の生命に根ざした活動である。

そこで、この頌によれば、山川国土などを包摂する宇宙空間にある器世間とそこに住む有情世間とは、有情の業によって生起し維持されている。いいかえれば、此の世における諸現象は、有情の業、すなわち生き物の営む生命活動によって起こり、維持されている。そのことは、諸現象が諸有情の業などの多くの因縁によって生起し、縁起の理に基づいて存在していることを示す。

このことは、他面、一神教などで説かれる、人間をふくむ世界のすべては、神などの絶対者・創造主の生み出したものであり、それに支配される、ということを否定している。これは、あらゆるものは単一な因によって生起することは決して無い、ということでもあり、それらがまさしく縁起生であることを示す。

そして、このような世間の諸現象を引き起こす主な因である「業」は、何によってどのようにして生起するのか、ということについて、『法句経』にはつぎのように説かれる。

ものごとは心にもとづき、心を主とし、心によってつくり出される。もしも汚れた心で話したり行ったりするならば、苦しみはその人につき従う。――車を引く〔牛〕の足跡に車輪がついていくように。（初頌）

ものごとは心にもとづき、心を主とし、心によってつくり出される。もしも清らかな心で話したり行ったりするならば、福楽はその人につき従う。――影がその身体から離れないように。（第二頌）　＊中村元訳『法句経』一〇頁。

ここには、あらゆる事柄は心に従い、心によって生じ造られる、と説かれる。このことを業説のうえから根拠づけると、つぎのようになる。

業には、大別すると、思業・思已業の二業がある。このなか、思業は心のなかで思い考えることであり、思已業は、心のなかで思慮したことを身体や言葉によって外部に表す行為である。ちなみに、思已業を身体的行為と言語的行為とに分けると、前者は身業、後者は語業になるから、それらに思業（意業）を加えて、身業・語業・意業の三業になる。この「思已業」といわれる行為は、心中で思い考えている思業が身体や言葉を通して外部に表されたものであり、これは、心のなかで思慮する思業によって或いはその思業から、生じる行為である。そのことは、「ものごとは心に基づき」云々と説く前掲の『法句経』の所説に合致する。

したがって、これら『スッタニパータ』『法句経』の両頌から、つぎのことがいえる。宇宙世界の諸現象の生滅変化などは、生き物の生命活動の所産であり、そして、この生命活動は個々の生き物の心に基づく、心の所産である、と。これを人間についていえば、気候や山川国土などの諸現象の生滅変化は、人間の活動・行為によってももたらされ、そして、その活動・行為は、人間の心によって引き起こされる、と。

この「心」は人間の精神活動である。心について、説一切有部などでは、眼識などの六識である心王が心の全体のはたらきを統率し、諸心所法がさまざまな心のはたらき、すなわち心理的な諸活動を担い、これら心王・心所法の総体が「心」である、と考える。そこには、煩悩のような悪い心もあり、善心や悪心が混在し、それらの力関係によって、善心が表面に現れたり、悪心が現れたりする。悪心は煩悩ともいわれ、貪欲・瞋恚・愚痴によって代表される心である。

そして、心のなかで「我」という自我の意識が強くなると、「私こそが主であり第一である」などの我執や、「これは私に属し私の所有物である」などの我所執が生じる。そこで、それらの我執・我所執が強くなると、自己の拡大をはかり、さらに多くの所有を求めて限りなく欲望が増大する（貪欲の増大）。また、自己の思いや利益に反することを為すものに対しては、怒りの心を懐きそれが高じれば（瞋恚が増大すれば）、争いを起こす。このことを、国家単位でいえば、自国に執著し、一面で自国の勢力拡大や覇権を求めて領土の侵犯をしたり、戦争などを起こす、となる。このように、自我意識に基づいて自己中心的な考えに陥り、貪欲による欲望充足・快楽追求の心が増大し、また、瞋恚によって他人と衝突し彼らに対する憤りを増していく。そして、それらを身業・語業による行動に移せば、快適さや便利さなどを求めるあまり、自然環境を破壊し、あるいは世界の各地で戦争などを起こすことになる。

仏教では、諸現象の生滅変化と人間の行為と人間の心との三者の関係について、上述のように考える。このことを踏まえて、現在の山川国土などの自然環境の悪化や人間社会に起こっている諸問題を考えて、つきつめていくと、それらを主導するものは心であることになる。

では、この心の実状は、というと、我執・我所執に基づく多くの煩悩にまみれている。したがって、そのような有情の心の在り方を反省するうえで、我執・我所執を引き起こす、その基になる「我」は存在しないと説く第一章「非我と無我」の教えは、おおきな示唆を与えてくれる。

人間の生命に関しては、自然の摂理に基づいてもたらされる生命誕生にいたる生殖に、人間の得た高度な技術によって過度に介入すると、さまざまな問題が起こる。最近の生殖医療の発展には眼をみはるものがある。それは、イギリスでの体外受精で生まれた子、いわゆる試験管ベビーの誕生に始まり、現在にいたって高度な技術が確立されつつある。その極は、近い将来に可能になるであろう、人工子宮の完成であろう。それらを踏まえて、わが国でも、最近、第三者の精子や卵子の提供によって誕生した子を夫婦の子として認知することを法制化しようとする動きのあることが報道されている。

従来、生殖医療は、おおくが単に自身の身体や心にかかわる当事者の問題であり、自身や夫婦などの当事者の範囲内に収まることがらであった。しかし、夫婦以外の第三者の精子や卵子を用いた生命誕生を試みるようになると、誕生した生命、すなわち子の行く末までも配慮しなければならないことになる。その場合、感情や知能などをもつ人間が、どのようにして自己の存立理由ないし生存の根拠を見いだすのか、ということが問題になる。従来は、生まれてくる子は、両親を通した先祖との血のつながり、いわゆる血脈のなかに、近いところでは両親や祖父母などのなかに、それらを見いだすことができた。しかし、匿名の第三者の精子や卵子による生命の誕生となると、生まれた子はそれらを見いだす根拠を得ることが難しくなる。

生殖医療については、産む親の側と、血筋を通した親、すなわち出自を知る権利を持って生まれてくる子の側との両面から、人間が介入すべきか否か、どの領域までは人間が介入してもよいのか、等ということを含めて、慎重に進めていかなければならない。

第二章「仏教の生死観」で論じる生命の核である「命根」が、宿業（前世の諸業）の招いたものである、という有部の考え方は、生まれる子の生存する存立基盤を考えるうえで、おおくのものを与えてくれる。


仏教では、業や善悪について、世間的な業と出世間的な業、あるいは世間的な善悪と出世間的な善悪とに分ける。それぞれ、前者は世俗的なものであり、後者は宗教的なものである。そして、最終的には、世間的なものを超えた世界である出世間、すなわち菩提を目ざすべきである、と考える。

これは、世間的なものには限界があり、それは不完全なものであることを示し、それは、所詮、捨てられるべきである、ということでもある。換言すれば、人間の営みには限界があり、完全無欠たりえない、ということである。このことをさらに進めて、真宗の聖教には、生死や煩悩を肯定する「生死即涅槃」「煩悩即菩提」などが説かれる。このような世俗を超越した仏教・真宗の業観・善悪観について、第三章「真宗の業観と初期仏教の業観」、第四章「真宗の善悪観と仏教の善悪観」で論じる。

以上のような事柄について、仏教ではどのように考えるべきであるか、を考察するために、私の主たる研究テーマであるアビダルマ仏教に限定しないで、ひろく仏教全般の所説を参照しながら、これらについて論を進めた。したがって、それにあたっては、私の力の及ばない事柄が多いので、それらについて、諸先学の研究の結果を参照ないし借用してまとめた。それらの主なものは、「はしがき」のあとに「参照文献」として掲げた。

これらの諸研究に対して深く感謝し、お礼を申し上げます。

本書は、読みやすくし、また論説の根拠を示すために、体裁上、典拠や補説などを見開き頁の末に入れて、簡素な論述になるように心がけた。
そのような手数のかかる組みを引き受け刊行していただいた永田文昌堂様に、感謝し、厚くお礼を申し上げます
平成三十一年一月

武田宏道識

主な参照文献ならびにその略称　および凡例など

主な参照文献ならびにその略称

大原性実『真宗学概論』	大原性実『真宗学概論』（永田文昌堂、一九六五年）
田村芳朗「善悪一如」	田村芳朗「善悪一如」（『仏教思想2、悪』に所収、平楽寺書店、一九七六年）
中村元『原始仏教の生活倫理』	中村元撰集第十五巻原始仏教5『原始仏教の生活倫理』（春秋社、一九七二年）
中村元「無我思想」	中村元「インド思想一般から見た無我思想」（中村元編『自我と無我―インド思想と仏教の根本問題―』に所収、平楽寺書店、一九七〇年、初版一九六三年）
中村元訳『スッタニパータ』	中村元訳『ブッダのことば――スッタニパータ』岩波文庫 青三〇一―一。一九九六年第二九刷、初版一九八四年。

中村元訳『法句経』
平川彰「無我と主体」
福原亮厳『仏教概論』
藤田宏達「原始仏教における善悪の問題」
藤田宏達「原始仏教の倫理思想」
舟橋一哉『原始仏教思想の研究』

中村元訳『真理のことば、感興のことば』岩波文庫 青三〇二―一。一九八七年第十六刷、初版一九七八年。
平川彰「無我と主体――自我の縁起的理解、原始仏教を中心として――」（中村元編『自我と無我―インド思想と仏教の根本問題―』に所収、平楽寺書店、一九七〇年、初版一九六三年）
福原亮厳『仏教概論』永田文昌堂、一九七五年
藤田宏達「原始仏教における善悪の問題」（『印度学仏教研究』第二十二巻第二号、一九七四年）
藤田宏達「原始仏教の倫理思想」（『講座仏教思想』第三巻「倫理学・教育学」に所収、理想社、一九七五年）
舟橋一哉『原始仏教思想の研究――縁起の構造とその実践――』法藏館、一九六二年、初版一九五二年。

舟橋一哉「仏教における業論展開の一側面」

真野竜海「初期仏教の倫理思想」

水野弘元『原始仏教』

水野弘元「業に関する若干の考察」

水野弘元「無我と空」

舟橋一哉「仏教における業論展開の一側面——原始仏教からアビダルマ仏教へ——」(『仏教学セミナー』第二十号、特集、業思想の研究、一九七四年)

真野竜海「初期仏教の倫理思想——善の位置について——」(壬生台舜編『仏教の倫理思想とその展開』大蔵出版、一九七五年、所収)

水野弘元『原始仏教』平楽寺書店、一九九六年、初版一九五六年。

水野弘元「業に関する若干の考察」(水野弘元著作選集第二巻『仏教教理研究』に所収、春秋社、一九九七年。初出一九七四年)

水野弘元「無我と空」(水野弘元著作選集第二巻『仏教教理研究』に所収、春秋社、一九九七年。初出一九五四年)

凡例など

本書中に引いた漢訳の経典・論書の語の校異の略号は、大正大蔵経のものを依用した。

例・　㊂＝宋本・元本・明本の三本　(元)＝元本　(明)＝明本

漢文を書き下すうえで、「雖」「令」「可」などの、慣習上、本来は「いへども」「しむ」などと仮名書きにしている語を、原漢文の形を推定し易くするために、「雖も」「令む」などと漢字のまま書き下した。

本書所載の論文の初出はつぎのとおりであり、本書ではこれを訂正し加筆した。

第三章「真宗の業観と初期仏教の業観」は、加藤宏道「真宗の業観と原始仏教の業観」(『龍谷教学』第二十一号、一九八六年に所収)に発表した。

第四章「真宗の善悪観と仏教の善悪観」は、加藤宏道「真宗の善悪観と仏教の善悪観」(福原亮厳編『真宗二十二派七十五学者述、真実の宗教』に所収、永田文昌堂、一九八六年)に発表した。

目次

第一章　非我と無我

第一節　はじめに
第二節　「諸法無我」の有する非我・無我の二面
第三節　無我説の、所有観念放棄・非我・無我という三の発展段階
第一項　「我れに属する」という所有観念の放棄を教える無我説
第二項　実践の根拠になる無我説
第三項　無我の成立する理論的な根拠になる非我説
第四節　非我・無我を説く経典
第一項　非我を説く経典
第二項　無我を説く経典
第三項　むすび
第五節　非我と無我との関係
第六節　まとめ

第一節　はじめに

無我説は、四法印のなかの諸法無我印(1)として説かれ、仏教を特徴づける教説の一であり、これの依って立つ基盤は縁起説である。諸法すなわち此の世に存在するものは諸因縁の集合によって成立し、もちつもたれつの相依相関の関係にあるという縁起説に立つとき、他法の助けを借りないで独力で恒存し続ける存在としての常住不変の実体的な自体は到底、認められないから、諸法は無我である。

外教のなかには、それ自身、独力で存在し続け、世界を創造し支配するものとして、絶対者や実我が存在する、と主張する者がいる。釈尊はこのような我を否定された。これが諸法無我の教えである。当時、インドには、宇宙を支配する梵などの創造主・絶対者や個人に内在する常恒不変な実我などによって、宇宙世界や人間の諸現象を説明する宗教家・哲学者がいた。釈尊は縁起説に立って、それらと真っ向から対立されれた。その対立の厳しさは、経典中の処々に無我説が説かれ、実我的存在が否定される所にも窺われる。

このことは、釈尊の滅後にも引き継がれ、諸部派や仏教各派が、実我否定のために種々に論陣を張り、一方で、外教が実我によって説明した宇宙世界や人間の諸現象を、無我説の立場から説明するために腐心している所——その一例が無表業や種子説など——にも窺える。『倶舎論』破我品の所説もその一である。

なお、以下で依用・参照する先行研究の略称は、前に掲げた。

(1) 水野弘元『原始仏教』・諸法〔無我〕の「法」(dhamma)とは、単に「もの」、「存在するもの」という意味と見てよい。仏教の宗教的・実践的立場として最も中心的なものが「諸法無我」である(一一三—一一四頁)。…中略…

「諸行無常」と「一切皆苦」とは、間接的に宗教実践と関係しているのに対して、「諸法無我」は直接に仏教の宗教信仰の実践面を説いたものである。然し「諸法無我」にも実践面の他に理論面もないではない。(一一四頁)。

第二節　「諸法無我」の有する非我・無我の二面

諸法無我と説かれるときの「我」には二種類がある。一は、法一般についての不変的・固定的な実体・自性をさす我であり、一は、宇宙や個人を支配・統率する宇宙的・個人的な主体、すなわち人格的な主体をさす我である。そこで、「諸法無我」は、前者の場合には「諸法は我に非ず」、後者の場合には「諸法には我が無い」という意味になる。(2) したがって、「諸法無我」は、諸法は実体的・固定的・不変的な自体・自性（我）から成るに非ず、ということを意味する場合と、諸法には宇宙的な我や人格主体的な我は存在しない、ということを意味する場合とがある。

「諸法無我」の梵語は種々に説かれるが、一応、sarva-dharmā anātmāna であると考えれば、(3) この anātman が、漢訳で「非我」または「無我」と訳されていることになる。

（2）中村元「無我思想」・パーリ語聖典においては、無我の原語はanattanである。この語は名詞である場合もあるし、また述語として用いられる形容詞である場合もある。いずれの場合でも、「我ならざる〔こと〕（not a soul）」という意味と、「我を有せざる〔こと〕（without a soul）という意味と二義存する。（三頁）

同書五六頁以下に、上記のことも含めて「諸法無我」について詳説される。

（3）参考までに『倶舎論』「破我品」（大正第二九巻所収）に引かれる経典に説かれる非我・無我の訳語などを掲げる。

rūpam anātmā, yāvad vijñānam anātmā.（色は非我である。ないし識は非我である。*AK*.464,5-6）

〈玄奘訳〉色、乃至、識皆無有我（一五三下13―14）。

〈真諦訳〉色無我、乃至識亦無我（三〇五中6）。

sarva-dharmā anātmāna.（一切法は皆な非我の性なり。*AK*.466,23）

〈玄奘訳〉一切法皆非我性（一五四下13）。〈真諦訳〉一切法無我（三〇六上29）。

anātmany ātmeti saṃjñā-viparyāsaś citta-viparyāso dṛṣṭi-viparyāsa.（*AK*.467,3）

（非我のものに対して我であるというのは、想顛倒・心顛倒・見顛倒である。）

〈玄奘訳〉非我計我、此中具有想心見倒（一五四下17）

〈真諦訳〉於無我我執。是想倒心倒見倒（三〇六中3）

また、『称友釈』のなかに、「無我の教説（nairātmya-deśanā）」と説かれる（*AKV*.708,11）。

「我」に二種の意味のあることを直接示す文は阿含経典に見い出されないが、『倶舎論』の註釈である『称友釈』『満増釈』には、このことがつぎのように明言される。

「一切法は我ではない」とは、これら〔一切法〕は我を自性とすることもない（非我）し、またこれらに我が存在することもない（無我）から、一切法は我ではない〔、という意〕である。(4)

このなか、前者の「我を自性とすることもない」という「我」は、法一般についての実体的・固定的・不変的な自体・自性（svabhāva）としての我である。(5) そして、後者の「我が存在しない」という「我」は、宇宙的規模でこの世界を統率・支配する創造主・絶対者などの宇宙的な我や、個々人の人格主体的な我をさす。これは常一主宰の我であり、世間で通俗的にいわれる人格主体としての霊魂的な我もこれに属する。このなか、「常」は常住、「一」は唯一・独存、「主」は中心になる者、「宰」は支配する者、の意である。(6)

（4）　和訳個所の原文はつぎのとおりである。sarva-dharmā anātmāna iti. na caita ātma-svabhāvāḥ, na caiteṣv ātmā vidyata iti anātmānaḥ sarva-dharmāḥ.（*AKV*.705.9-10）同意のことが『満増釈』にも説かれる（374a2-3）。

（5）　『婆沙論』巻九、問ふ。何〔法〕をか、非我なるもの、と謂ふ。答ふ。一切法なり。（大正二七・四〇下23―24）

（6）　舟橋一哉『原始仏教思想の研究』・　古来、「我とは常・一・主・宰の義」と言はれるが、その常と一とを否定するのが「無常」の概念であり、主と宰とを否定するのが「苦」の概念であろうか。…中略…

「常」は「無常」の反対概念である。…中略…

縁起の故に「一なること」が否定せられてゐると見られないだろうか。何故ならば、縁起の立場に立つ時は種々様々な条件の和合を予想してものを考へるからである。…中略…

次に「主」とは「中心的なる所有主」のことであり、「宰」とは「支配能力のあるもの」の意味である。（五一頁）

平川彰「無我と主体」は、つぎのように、このなかの「一」を自己同一の意味に解する。

平川彰「無我と主体」・　我が不変であるためには、如何なる外力にも打ちかって自己同一を保つ必要がある。…中略…　我の、この常住・自己同一・自在力の属性を、仏教では「常一主宰」と呼んでいる。（四一〇頁）

なお、経典などで「非我」や「無我」が説かれる場合、同じ原語が用いられることや、漢訳者も両者を常に区別して訳しているとは限らないことから、文字面だけで、我が実体的な自体をさすか宇宙的・人格的な主体をさすか、等を判断することが難しいこともある。その場合には、前後の文脈から非我の意味か、無我の意味かを判断しなければならない。それで、両者を区別するために、本稿では、「非我」は法一般についての実体的な自体の否定を意味するものとして用い、「無我」は宇宙的・人格的な主体の存在することの否定を意味するものとして用いることにする。

第三節　無我説の、所有観念放棄・非我・無我という三の発展段階

第一項　「我れに属する」という所有観念の放棄を教える無我説

「諸法無我」は、上記の非我・無我に加え、「所有観念の放棄」を表すこともある。
このことを含めて、初期仏教経典に説かれる無我説に関して、中村元「無我思想」に、

「わがもの」という観念を捨てること、すなわち所有観念の放棄と、我に非ざること（非我）と、我の無いこと（無我）という三の事柄が、「三つの発展段階」[7]として、つぎのように説かれる。

最初期の仏教が多く「わがもの」という所有の観念を捨てるべきであることを教え、[8]アートマンに関しては、アートマンを愛し護り、アートマンを実現すべきことを強調するのに対して、散文の部分においては、むしろわれわれが対象的に把捉し得る何ものもアートマンでない（非我、筆者補）、ということを強調する。[9]

（7）中村元「無我思想」・原始仏教経典の中にも、無我説に関してほぼ三つの発展段階を認め得るのである。（八〇頁）

（8）中村元「無我思想」・経蔵の中の最古層に表明されている無我説によると、何ものかを「わがもの」（mama）「われの所有である」と考えることを排斥している。そうして、修行者はまず「わがもの」という観念を捨てねばならぬという。したがって、無我説とはこのような意味における我執を排斥しているのである。（八頁）

（9）中村元「無我思想」・以上の所説（「わがもの」という所有観念の放棄、筆者補）と相並ん

ところで散文の部分で強調されている思想を受けて、後世になると遂に「アートマンは存在しない（無我、筆者補）」という意味の無我説が確立するに至った。[10]はじめの、所有観念の放棄は最初期の経典に説かれ、宗教的な実践という点からは非常に分かり易い徳目である。そして、のちの二は、理論的立場からの所説であり、前述の非我・無我に該当する。

この「所有観念の放棄」について、『スッタニパータ』にはつぎのように説かれる。

〔何ものかを〕わがものであると執着して動揺している人々を見よ。〔かれらのありさまは〕ひからびた流れの水の少ないところにいる魚のようなものである。これを見て、「わがもの」という思いを離れて行なうべきである。――諸々の生存に対して執着することなしに。（中村訳[11]）

「わがもの」「われに属する」という観念を捨てなければならないということは、次掲のように、初期経典の諸処に強調される。[12]例えば、修行を完成した人（tathāgata

如来）については、つぎのように説かれる。

偽りもなく、慢心もなく、貪欲を離れ、わがものとして執することなく、欲望

で初期仏教の聖典は、我ならざるもの（非我）を我（アートマン）とみなすことをも排斥している。（二七頁）…中略…

最初期の仏教においては、客体的に把捉し得るありとあらゆるものが、アートマンならざるもの、すなわち非我である、ということを強調したのである。決してアートマンが存在しない、とは言わなかった。そうして倫理的行為の主体としてのアートマンを認めてはいたが、それの形而上学的性格については、完全に沈黙を守っている。このような形而上学的問題に触れることを避けていたのである。（五九頁）

(10) 中村元「無我思想」七六頁。ここには、上掲文に引き続いて、有部や初期大乗について、つぎのことが説かれる。

中村元「無我思想」・説一切有部は明らかにこの（アートマンが存在しない、筆者補）立場に立っているし、また初期の大乗仏教にも継承されている。この教説を論証して確立せしむるための論法として用いられるものは析空観である（七六頁）。

(11) 中村元訳『スッタニパータ』七七七、一七五―一七六頁。

(12) 中村元「無我思想」に、次下の『スッタニパータ』四九四・四九五・二二〇の一部が引かれる（八―九頁）。

をもたぬ人々がいる。──そのような人々にこそ適当な時に供物をささげよ。

──バラモンが功徳を求めて祀りを行うのであるならば。（中村訳[13]）

また、真実の修行者については、つぎのように説かれる。

実に諸々の愛執に耽《ふけ》らず、すでに激流をわたりおわって、わがものという執着なしに歩む人々がいる。──そのような人々にこそ適当な時に供物をささげよ。

──バラモンが功徳を求めて祀りを行うのであるならば。（中村訳[14]）

〔出家者である比丘と在家者である猟師との[15]〕両者は住所も生活も隔たっていて、等しくない。在家者は妻を養うが、善く誓戒を守る者（出家者）は何ものをもわがものとみなす執著がない。在家者は、他のものの生命を害《そこな》って、節約することがないが、聖者は自制していて、常に生命ある者を守る。（中村訳[16]）

なお、「所有観念の放棄」は仏教が初めて説くのではなく、古い時代からバラモン教でも説かれ、釈尊と同時代のジャイナ教でもそれの実践を勧めた。[17]

そして、この所有観念を放棄しなければならない理由が、中村元「無我思想」にはつぎのように説かれる。

およそ自己の所有と見なされているものは常に変滅するものである。したがって、永久に自己に属しているものではない。また自分が死んだならば、自己の所有物、あるいは自己の所有のように見なされている人々（例えば家族など）は、自

(13) 中村元訳『スッタニパータ』四九四、一〇二頁。
(14) 中村元訳『スッタニパータ』四九五、一〇二―一〇三頁。
(15) 中村元訳『スッタニパータ』二九八頁の註二二〇によって補う。
(16) 中村元訳『スッタニパータ』二二〇、四九頁。
(17) 中村元「無我思想」・「わがもの」と見なす執着を離れ、一切の所有を捨て去るという思想、並びにその実践修行は、極めて古い時代からバラモン教において行われていた。
…中略…
しかし、初期仏教における無我執、無執着の論は、むしろ、同時代に成立した宗教であるジャイナ教のそれと一致し、用語も全く同じであり、或る場合には両宗教の聖典の文章までも一致している。（一〇頁）

分から離れてしまう。したがって自己の所有に執着してはならない。（中村訳(18)）

上述のことに基づいて、つぎのように結ばれる。

したがって、最初期の仏教において考えていた我執とは、われに属さないものを、われに属すると思うこと、すなわち我の延長ならざるものを我の延長と見なすことである。(18)

このように、最初期において無我説は、「所有観念の放棄」という極めて実践的な内容であり、宗教的な実践のうえからは的を射たものであった。しかし、時代がくだるにつれて、それは、後述するような、非我・無我を内容とする無我説へ展開していった。

第二項　実践の根拠になる無我説

仏教の説く無我説は、基本的には無我の実践にある。(19)「所有観念の放棄」もその一である。そこで、その実践を裏付けるために、部派仏教の時代になると、非我・無我を内容とする無我説が説かれ、[20] また、大乗仏教では、無我が空の語に置き換えられ、

(18) 中村元「無我思想」一三頁。ここに、つぎの『スッタニパータ』が引かれる（一三頁）。人々は「〔これは〕わがものである」と執著した物のために悲しむ。〔自己の〕所有しているものは常住ではないからである。この世のものはただ変滅するものである、と見て、在家にとどまっていてはならない。（中村元訳『スッタニパータ』八〇五、一八一頁）人が「これはわがものである」と考える物、——それは〔その人の〕死によって失われる。われに従う人は、賢明にこの理を知って、わがものという観念に屈してはならない。（中村元訳『スッタニパータ』八〇六、一八一頁）

(19) 水野弘元「無我と空」・仏教で無我や空が説かれるのは、無我の実践、空の実現という実践活動のためであって、この実践の裏付けとして無我や空の理論が述べられているのである。（二三五頁）

(20) 水野弘元『原始仏教』一一三—一一四頁。水野弘元「無我と空」・阿含や律における原始仏教の教説は、本来、無我の実践を説くためであり、四諦や縁起の道理も、結局は人々をして無我の実践を体得させるためのものである。（二三六頁）

空の理論が説かれた。(21)

所有観念を放棄しなければならない理論的根拠として「無我」が説かれることについて、水野弘元「無我と空」には、つぎのように説かれる。

実践的立場からすれば、我とは何物であれ、それに執著することである。執著ある者にとっては、一切は我となって現われる。これに反して、執著なく封滞なき場合には、一切のものは無我となる。このように立場を異にすることによって、同一のものでも我ともなれば無我ともなる。いはば、我・無我は主観的のものである。……中略……

仏教の根本義としての諸法無我は、諸法がそのまま無我であるのではない。無執著の者には諸法は無我であっても、有執の凡夫には諸法は有我である。(22)

このように実践的立場からすれば、執著の有る者にとっては諸法は有我であるから、無我は、万人に通じることではなく、無執著の者という特定の人のみに通じることである。

無我説の実践的立場は、迷いを離れる方法を平易に説き、具体的にそれへの道を示すことにある。そこで、迷いの根源としての煩悩の有・無によって迷・悟を説明する。このことを、水野弘元『原始仏教』では、前掲文のように、煩悩から生じる執著の有・無によって有我・無我になる、と説明され、中村元「無我思想」では、前（一〇

(21) 水野弘元「無我と空」・原始仏教や部派仏教の無我が、大乗ではどうして空の語に置き換えられたかといえば、無我の語よりも空の語の方が実践的意味が多く含まれているように感ぜられたこともあろうが、部派仏教の無我は大乗仏教の空よりもその意味が狭く浅くして、仏教の真義を尽すことができなかったからであろう。（二三五頁）

水野弘元「無我と空」・『成実論』では空と無我とを別個に解し、五蘊の無常にして無自性なるを無我とし、衆生の仮有非実有なるを空としている（『成実論』巻十二、大正三二・三三三上）。しかし、この区別は『成実論』独特のものであって、普通には空と無我とは同義に用いられている。（二三七頁註(1)）

(22) 前半は水野弘元「無我と空」二三六頁、後半は水野弘元「無我と空」二三七頁に各々、説かれる。

一四頁）述したように、貪欲などの所有欲から生じる所有観念の有・無によって有我・無我になる、と説明される。いずれも、一般の人が理解し易い説明であり、迷いを離れたいと願う者にとっては実践し易い項目である。

第三項　無我の成立する理論的な根拠になる非我説

無我説に対して、一切法には固定的・不変的・実体的な自体は存在しない、という非我説は、一面でまた、人格主体的な我が存在しないという無我説の根拠になる。換言すれば、無我説を支える理論的な根拠になる。そのことが、水野弘元「無我と非我」につぎのように説かれる。

理論的立場からすれば、何人にとっても「諸法は無我※（非我、筆者補）である」ということができる。この場合の無我（非我、筆者補）とは固定性のないことであり、無我性（非我、筆者補）であることである。すなわち諸法が無我（非我、筆者補）であるとは、諸法とくに現象世界には固定性がなく、諸法が無常であり、相対的相関的存在であり、縁起的であることを示すものである。(23)

すなわち、理論的立場からの非我説は諸現象のすべてに通じることであり、何ものであれ本来的には非我である。しかし、煩悩によって執著し我に固執し必要以上に自己主張し自己の所有物に執著する者や、欲望の満たされないことによって不満足感が溢れ苦しみ迷いの世界に沈没する人には、煩悩の束縛によって非我であることが自覚されない。しかしながら、個人がそれを自覚しようがしまいが、それの自覚・不自覚にかかわらず、自己を含めた諸法が非我であることは厳然たる事実である。これが理論的立場からの非我である。

この理論的立場の非我説には、前（六頁）に『称友釈』『満増釈』を引いて述べたよ

(23) 水野弘元「無我と非我」二三七頁。

※ここに説かれる「無我」の語は、「非我」の意である。

うに、非我（諸法は我に非ず）と無我（諸法には我は無い）との二面がある。

第四節　非我・無我を説く経典

無我説で説かれる常住不変の実体的な「我」は、前述の、非我といわれる場合のように法一般についての固定的実体的な自体を指す場合と、無我といわれる場合のように宇宙的人格的な主体を指す場合とがある。したがって、経典には、法一般の固定的実体的な自体としての我を否定する非我と、人格主体的な常一主宰の我を否定する無我とが説かれる。そこで、これらの非我・無我を示す経典についてみてみよう。(24)

第一項　非我を説く経典

非我について説くのは、我が常住不変であり固定的な実体・自性をもつ、ということを踏まえて説かれる雑阿含経第三十四経のつぎの所説である。なお、このなかに

「色は無我なり」と説かれる「無我」は我に非ず（非我）、の意である。

色は有我に非ず。若し色が有我ならば、色に於いて応に病苦は生ずべからず。亦た色に於いて是くの如くなら令め、是くの如くなら令めざらんと欲することを得〔べから〕ず。

色は無我なるを以っての故に、色に於いて病有り、苦の生ずること有り、亦た色に於いて是くの如くなら令め、是くの如くなら令めざらんと欲することを得。受・想・行・識も亦た復た是くの如し。(25)

---

(24) 非我・無我を説く経典について、諸先学によって詳論されている。水野弘元「無我と空」二三九―二四二頁、水野弘元『原始仏教』一一九―一二四頁、中村元「無我思想」六六―八〇頁、平川彰「無我と主体」四〇八―四一一頁、森章司『原始仏教から阿毘達磨への仏教教理の研究』（東京堂出版、一九九五年三月）三七二―三七五頁。

(25) 雑阿含経巻二第三十四経（国訳一切経では、雑阿含経巻三、第六十三経『五比丘経』）・如是我聞。一時、佛住波羅㮈国仙人住処鹿野苑中。爾時、世尊告余五比丘。

ここに説かれる「我」は、常住不変の固定的実体的な自体をさす。ここには、色が我であるならば、我は常住不変であるので、色などから成る所依身も常住不変になり、変化が認められないことになる、等と説かれる。すなわち、色などが我であるならば、我は常住不変の実物であるので、色などから成る所依身が健康な状態から病気になるという変化が起こらず、病苦も生じないであろう。また、色などから成る所依身を、このようにしたい、あるいは、このようにしたくないと望んで、変化させようと思っても、これらの望みや思いを叶えることはできないであろう。しかし、色などは非我であり固定的な自体がなく生滅変化するから、病気になることなどもあるし、現状をこのようにしたいとか、このようにしたくない等の望みを叶えることもできる。

つぎの『スッタ・ニパータ』七五六も非我説を説く。

見よ、神々並びに世人は、非我なるものを我と思いなし、名称（名）と形態（色）とに執著している。「これこそ真理である」と考えている。（中村元訳[26]）

これを『パラマッタ・ジョーティカー』はつぎのように註釈する。

「非我なるものを我と思いなし」※とは、非我である名色（身心）を我である、この名色を恒久なものと思いこむ。『これこそ真理である』と考えている」※とは、

色非有我。若色有我者、於色不応病苦生。亦不得於色欲令如是不令如是。受想行識亦復如是。以色無我故、於色有病、有苦生。亦得於色欲令如是不令如是。（大正二・七下13―18）

この経説と同じことが、つぎの雑阿含経巻二第三十三経（国訳一切経では、雑阿含経巻三、第六十二経『非我経』）に説かれる。このなか、傍点○を付した語は、前掲の経典の傍点○を付した語と相違する。

如是我聞。一時、仏住舎衛国祇樹給孤独園。爾時、世尊告諸比丘。色非是我。若色是我者、不応於色病苦生。亦不応於色欲令如是不令如是。以色無我故、於色有病有苦生。亦得於色欲令如是不令如是。受想行識、亦復如是。（大正二・七中19―24）

(26) 中村元訳『スッタニパータ』七五六、一七〇頁。これは中村元「無我思想」一七頁に引かれる。

のなどとして「真理である」※と考える。（村上・及川訳）[27]

この非我説について、中村元「無我思想」には、上掲のような種々の経文が引かれ、[28]つぎのように結ばれる。

このような種々の形而上学的なアートマン観に対して、[29]仏教の経典は、あらゆるものを五蘊で総括して、五蘊の一々について、それはアートマンならざるもの（anattan 非我）であり、したがって、「それはわがものである」とか、「われはそれである」とか、「これがわがアートマンである」とか言うことはできぬ、というのである。[30]

第二項　無我を説く経典

無我を説く経典は、人格主体としての我が自由自在に何事に対しても支配することのできる能力を有して万能であることを踏まえて、[31]『無我相経』につぎのように説かれる。

色（身体）は無我である。若し色が我であるとしたならば、この色は病むことがないであろう。また色について「私の色はかくのごとくあれ、私の色はかくのごとくあることなかれ」ということができるであろう。しかし、色は無我である

(27) 村上真完・及川真介訳『仏のことば註(三)――パラマッタ・ジョーティカー』（春秋社、一九八八年）五二七頁。※括弧内の『スッタ・ニパータ』の本文は前掲の中村訳を用いた。
(28) 中村元「無我思想」（六六頁―七一頁）は、非我を示す多くの経典を引き、最後（七一頁）に上掲文を説く。
(29) 『梵網経』に説かれる我についての六十二見などもそうである（中村元「無我思想」七一頁）
(30) 中村元「無我思想」七一頁。
(31) 平川彰「無我と主体」。我の自在力は、常住なる実体の概念からも導き出せる。我が不変であるためには、如何なる外力にも打ちかって自己同一を保つ必要がある。すなわち如何なる外力にも打ちかち得る力をそなえている意味で、自在の力をそなえているということが言われねばならないわけである。（四一〇頁）

から、色は病むのである。また色について「私の色はかくのごとくあれ、私の色はかくのごとくあるなかれ」ということができない。(32)

すなわち、人格主体としての我は、自己の身心を自由に思いのままにすることができ万能者であるから、病いを避け、身体を好都合な状態などにしようとすれば、それは可能なはずである。したがって、「若し色が我であるとすれば」、好んで病気になるものはいないので我は病気を避けようとするから「この色は病むことが無いであろう」。また、我は自己を思うままに変えることなどができるから、「私の色はかくのごとくあれ、私の色はかくのごとくあるなかれ」と思って、このようになりたいとか、そのようにはなりたくない、と願えば、自分の思う通りにそれらが叶うであろう。しかし、このような我は存在しないから、実際には、病気にもなるし、自分の願うように自己を変えることはできない。(33)

第三項　むすび

以上のように経典に非我や無我が説かれるが、初期仏教では非我を説く経典は少なく、無我を説く経典が多い。(34)

(32)　これは、水野弘元「無我と空」二四〇頁を参照して訳した。『無我相経』南伝大蔵経三、律蔵三、二三頁以下（南伝大蔵経一四、相応部三、一〇四頁以下も同文）。

舟橋一哉『原始仏教思想の研究』に、この経典の意味が「苦の故に無我である」ことに関して説明される（五〇―五一頁）とある。

(33)　水野弘元「無我と空」二四〇頁。

(34)　この理由などについて水野弘元『原始仏教』・舟橋一哉『原始仏教思想の研究』は、つぎのように説く。

水野『原始仏教』・　現存する原始仏教聖典が、すべて部派仏教によって伝えられたものであり、部派仏教は何事についても原始仏教の第一義的立場を捨てて、世俗的立場の学説のみを採用しているからである。（二一七頁）…中略…

現存の原始経典が部派仏教によって伝えられ、元来第一義的な無我説であったものを、部派時代または原始仏教の末期に、これを今日見るような世俗的無我説に改めてしまったものと思われる。（二二二頁）

なお、非我・無我の「我」は部派仏教以降のいい方によれば、それぞれ法我・人我に相当する。(35)例えば、『婆沙論』にはつぎのように説かれる。

我に二種有り、一には法我、二には補特伽羅我なり。善法説者は唯だ実有の法我のみを説く。法性は実有なれば、〔実有の法我を説くは〕如実の見なるが故に悪見と名づけず。外道は亦た、実に補特伽羅我有り、と説く。補特伽羅は実有の性に非ざれば、〔外道の説は、是れ〕虚妄の見なるが故に、名づけて悪見と為すなり。(36)

舟橋一哉『原始仏教思想の研究』では、阿含の説く無我説は人無我の方が強く表れている、と説かれる（註(41)所掲文、参照）。これによれば、部派仏教によって意図的に、非我が無我に変えられたとは言えないことになる。

(35)　水野弘元「無我と空」。原始仏教ではこのような人我・法我を区別しなかったから、それを承けた初期大乗では二種の無我や空を説く必要がなかったのに対して、我無法有を説いたアビダルマ的部派仏教を承けた瑜伽唯識等の中期大乗では、アビダルマ的立場から人・法の二無我を説いたのである。この点で瑜伽唯識の立場、特に護法唯識説に立つ法相学説は、『般若経』や『中論』の立場より一段低い標準に立っていると云える。

（二四六頁）

平川彰「無我と主体」・　後世には我を人我と法我とに分け、我の性質を二つに分けて考察している。人我は主体としての常住なる実体を意味するが、同時にこれに主体の能動性が加味されて「全能者」の意味が含まれる。これに対して法我は実体という意味のみであって、不変常住なものとしての我である。人格的主体と実体とは、かならずしも結合する概念ではないから、我の意味がこのように二つに分れたのである。

人我は法我よりも範囲が狭いといわねばならない。五蘊の場合は、第五の識のみには人我を当てはめて考えることができるが、色等には当てはめて考えることは無理であろう。この場合は法我を当てはめねばならない。しかし、法我（実体）の意味だけでは、我の人格性を現すことができない。アートマンは本来、主体を示す言葉であるから、たといこの中に実体の意味が認められるようになったとしても、本来の主体の意味を消すことはできない。そのために外延の異なる二つの意味を、アートマンという一つの言葉に含めしめて使用していたのであろう。（四〇七―四〇八頁）

（36）『婆沙論』巻九、大正二七・四一上18―22。

ちなみに、この所説に該当する旧訳の『毘婆沙論』にはつぎのように説かれる。

『毘婆沙論』巻四・　我に二種有り、〔謂はく、〕一には仮名我、二には計人我なり。若し仮名我を計すれば、〔此れは〕則ち邪見に非ず。若し人我を計すれば、此れは則ち邪見なり。（大正二八・三〇上15―17）

ここには、「法有」を認めて、そのような法性が「法我」と称され、自我が補特伽羅我として説かれる。

第五節　非我と無我との関係

上掲の「非我」を表わす漢訳経[37]と「無我」を表わすパーリ語聖典とについて、[38]水野弘元『原始仏教』につぎのように説かれる。すなわち、釈尊の説かれた縁起説の根本は非我説が前提になっているので、非我説が第一義的なものであり、無我説は世俗的な解釈であり、殆どの経典が後者の無我説を採用する。[39]そして、第一義的・世俗的という二種の無我説のあることを踏まえて、[40]この世俗的無我説から無我説の実践的立場が導き出される。

また、舟橋一哉『原始仏教思想の研究』にはつぎのように説かれる。初期仏教に説かれる無我説は法無我（非我）・人無我（無我）の両方をもつ。しかし、何れかといえば、人無我の方が強く表れている。それは「苦なるが故に無我」ということが人無我を指し、さらに病気や苦などを説けば、人無我の意味にならざるをえないからである。(41)

---

(37) 註(25)所引。
(38) 註(32)所引。
(39) 水野弘元「無我と空」二四〇―二四二頁。註(34)所引の水野弘元『原始仏教』の所説、参照。
(40) 水野弘元『原始仏教』二三九―二四〇頁。
(41) 舟橋一哉『原始仏教思想の研究』・阿含に説かれる無我説が、のちに説かれる人無我に相当するか、法無我に相当するかということについては、私は両方の意味をもっている、と考える。しかし、何れかといえば、人無我の方が意味がより強く表れているということは、否定できないと思う。その理由は、「無常の故に無我」と説くのは、人無我にも法無我にも通じるが、すくなくとも、「苦なるが故に無我」ということは、どうしても人無我の意味に解釈しなくてはならないと思うからである。「自分の思い通りにならないから無我である」ということは、「因縁のままに導かれて自己決定力のないもの」という意味にとれば、法無我にも通じるようであるが、そこへ病気とか苦とか、ということを言うようになると、これはどうしても人無我の意味でなくては通れない。私という個体において

これに対して、平川彰「無我と主体」は、漢訳経典とパーリ語経典との相違があるのは、にわかには決定できないが、おそらく、我に実体の意味と主体の意味との二が含まれるようになってからであろう、と説く。(42)

このような我を否定する非我と無我とは、理法と教法との関係に類似する。すなわち、教法は釈尊の説かれた法であり、それは理法の一部を説かれたものであるから、理法に含まれるともいえる。同様に、諸法が非我であり無自性であることは、物的なものであれ心的なものであれ、また、自然的なものであれ個人的なものであれ、法のすべてに通じるので、当然、宇宙的な我や人格主体的な我の存在も否定されることになるから、非我の中に無我も包摂されることになる。すなわち、非我という理論的根拠にもとづいて現実世界を見れば、世界を統率し支配する創造主や絶対者も存在しないし、個人のなかに霊魂的な常住不変の自体も存在しないから無我である、となる。(43)

このように、無我が非我に包摂されるという両者の包摂関係が判明すれば、前述した無我説の理論的立場と実践的立場とは密接な関係にあることがわかる。すなわち、理論的立場から非我であることが判り、それから無我であることが判明する。このことが自覚されることによって、私には不変的・実体的な人格主体としての我の存在しないことがわかり、「私が私が」「これは私のもの」等といって、私や私の所有物（我や我所）に執著することの無意味さに気づき、それらの執著から離れようとする実践的立場がでてくる。

このなか、非我は後の空思想でいわれる無自性に通じる面がある。これに対して、後者の「我」は、阿含経典においてもそうであるが、とくに部派仏教以降においては、

絶対的な支配能力をもった（これが「宰」である）、所有主としての中心生命（これが「主」である）があるならば、病気というような苦しみを経験することはない筈だからである。

（五二頁、取意）

---

(42) 平川彰「無我と主体」四一〇頁。

(43) 非我と無我との広狭関係については、註(35)所引の平川彰「無我と主体」の所説、参照。

宇宙世界を生成変化させる主体は何か、輪廻の主体は何か、業の受果主体は何か、認識主体は何か、等々の宇宙世界や有情のさまざまな様相を説明する、いわゆる法相上の諸問題を解決するために論じられ、そのための緻密な論理が展開される際に否定される「我」である。部派の一である犢子部は、この我にまつわる諸問題をプドガラ説によって解決しようとし、また、大乗の瑜伽行派ではこれに代わるものとして阿頼耶識説を説く等である。

仏教の興隆時、インドには、宇宙を支配する絶対者や個人に内在する常住不変の実我などによって、宇宙世界や人間の諸現象を説明する宗教家や哲学者がいた。これに対して、釈尊は、縁起説を説き、このような実我的な存在を否定し、根本的に彼らとは考えを異にした。その結果、釈尊は、彼らから非難された。それゆえ、実我によって諸現象を説明する彼らの実我論に代わる理論を示さねばならなかった。そこで、それに代わるものとして、縁起説に基づく非我説を提示した。のちに部派仏教などになると、非我の理論を諸現象に応用して、世界の生成や維持などを支配する絶対者や個人についての輪廻や行為の主体などの人格的主体を認めない無我説が、説かれるようになった。それは、第一義的な非我説の、世俗の諸現象への応用であり、それには、現実問題を解決するということから、実践的な意味が認められる。

例えば、仏教の立場から、現在、医療のうえで問題になる生命倫理を明かすことが昨今、求められているので、それに応えるために、仏教者は経典からそれを示唆する教説を取り出して、それに応えるがごときである。時代は変化するから、一定範囲内の教説に留まれば、知らず知らずのうちに、現実社会から遊離していく。そういう状況下で宗教としての仏教が社会に密着し貢献して社会を動かすためには、その時代に問題になっている事柄に対して、仏教的視点からの解答ないし解決策を呈示することは大切であり、且つ実践的な意味がある。

そういう意味で、当時、外教の実我説による諸現象の説明を否定した仏教徒は、これに代わる説明理論を示すことが、社会的な責務としてのしかかってきた。それに応えた教説が、宇宙的な我や人格的主体としての我を否定する無我説による諸現象の説明である。それらは原始経典のなかに説かれ、これは部派仏教になってさらに深められた。非我と無我とを明白に意識する前掲（六頁）の『称友釈』『満増釈』の所説に、このことがよく表れている。

第六節　まとめ

仏教の無我説の展開には、所有観念の放棄と非我と無我という三の段階が考えられる。そして、これを第一義的無我説と世俗的無我説とに分ければ、非我は第一義的無我説、無我と所有観念の放棄とは世俗的無我説である。「諸法は非我なり」という法我の否定から、「諸法は無我なり」という人無我が導かれ、さらに、人我は存在しないので、これから私や私の所有物に対して執著することの無意味であること、すなわち所有観念の放棄が導かれる。理論的観点と実践的観点との両点からみれば、非我・無我から具体的な実践行として「所有観念の放棄」が導かれ、無我説の実践につながる。

第二章　仏教の生死観

第一節　はじめに

第二節　生

第一項　命根のはたらき

第二項　命根と寿

第三項　命根を此生に引くもの及び命根の所依

第三節　死

第一項　死の到来する時

第二項　死の因

第四節　まとめ

第一節　はじめに

人は、此の世に生まれ、生きていく人生のなかで、老・病・死などの八苦に代表されるさまざまなことに遭遇し、やがて死んでいく。そういう意味では、生死観《しょうじ》は、生老病死観の意であり、人生観とも言いかえられる。ここでは、生・老・病・死などをかかえる人の生と死とについて、仏教では如何ように考えるのか、ということを考察してみたい。

「生死」の語は、生死輪廻と続けられ、輪廻・迷有の意味で用いられることもある。有情は、人・犬・猫など、さまざまに輪廻しながら、生と死とを繰り返していく。サットヴァ（sattva）の訳語である衆生が、衆多の生命を経るもの、めぐるものと解されることは、このことを示す。

その輪廻のなかで、有情の一期の生きる過程を表す語が、中有・生有・本有・死有の四有である。[1]このなか、中有は、過去世の本有の為した業によって引かれた果としての人・犬・猫などの生存が、入胎先の母胎を探し求めているときの生存である。そして、生有は、人や犬などの母胎に入る受胎の刹那であり、本有は、受胎の次刹那から死の直前までの生存であり、死有は、死ぬ刹那である。[2]したがって、有情の一期の

（1）『発智論』巻十九・　四有とは、謂はく、本有・死有・中有・生有なり、と説くが如し。
（大正二六・一〇二四上3―4）
＊これは『婆沙論』巻一九二（大正二七・九五九上13）に引かれる。なお、『婆沙論』の大正本は「本有・中有・生有・死有」の順で説かれるが、宋本・元本・明本・宮内省本は、『発智論』のように「本有・死有・中有・生有」の順に説かれる。
ちなみに、つぎの註(2)所掲の『倶舎論』では、中有・生有・本有・死有の順に説明される。次々註(3)所掲の『宝疏』、参照。
（2）『倶舎論』「世間品」・　総じて〔四〕有の体を説けば、是れは五取蘊なり。⑪中に於いて位の別を分析して四と為す。一には中有なり。義は前に説くが如し。二には生有なり。謂はく、諸趣に於いて結生〔託胎〕する刹那〔の蘊〕なり。三には本有なり。〔結〕生する刹那を除く、死の前までの余の位〔の蘊〕なり。四には死有なり。謂はく、

生存のひと区切りは、中有に始まり生有・本有を経て死有で終わる。(3) このような四有の積み重ねが結果的に多生を経て、輪廻していくのである。

説一切有部は、四有にもとづいた輪廻説のなかで、有情の此生の生命がいかなる過程を経て成立し、そして、肉体・精神を含めたこの生命体がどのようにして維持されていくのか、ということを解明しようとしている。その結果、樹立されたものが、命根を中心とした生命観である。(4)

「生死観」の「死」は、「生」があっての「死」であるから生死観を論じるうえで、「生」を支える命根について考えることは、生死観の根幹に関わることがらである。そこで、まず、この有部の生命観の中核となる命根について考究してみたい。

有部では、命根は、宿業によって引かれ、生命活動の源泉になり、生を存続させるものであり、実有の法である、と説く。そして、それは、二十二根の一として、あるいは五位七十五法中の心不相応行法の一として数えられる。このように、命根を実体視して、生命は単なる勢いやなりゆきではなく、諸有情の前世の業によって引かれた実体的な確たるものである、という有部の生命観は、生命の重さを実感させる。このような、有情の生存を支える命根については、第一項「命根のはたらき」、第二項

〔生の〕最後念〔の蘊〕にして次の中有の前〔の蘊〕なり。（第十三頌長行四六上14―17）

＊四有の定義については、『順正理論』巻二十四にも同様のことが説かれる（大正二七・四七七上13―16）。

⑪『光記』・此の中、「有」の声は、衆同分に属する有情数の五蘊を説いて「有」と名づく。（大正四一・一六一上22―23）

（3）『宝疏』・復た、中〔有〕・生〔有〕は同一の業〔の所引〕の果なり。中有は、復た是れ、一期の生の〔最〕初なり。中有が若し無くんば、生は応に続かざるべし。（大正四一・五九四下24―26）

（4）命根については、加藤宏道「アビダルマ仏教における生命観――命根の研究――」⑪で、有部の所説を中心にして詳論した。

⑪『日本仏教学会年報』第五十五号（一九九〇年）に所収。なお、この号の全論文が、のちに、『仏教の生命観』（平楽寺書店、一九九〇年）として公刊された。

「命根と寿」、第三項「命根を此生に引くもの及び命根の所依」などが考えられる。また、命根の尽きることによってもたらされる「死」については、第一項「死の到来する時」、死に方によって分類される第二項「死の因」などが考えられる。(5)

そこで、これら生と死とについて順を追って考察してみよう。

アビダルマ仏教のなかでは説一切有部の生命観が、他部派のものに較べてよく整理され、文献も多く残存しているので、ここでは他部派の生命観は割愛し、もっぱら有部の所説を中心に論を進めていきたい。

文中では、つぎの略称を用いる。それぞれ、㊩は『順正理論』、㊫は『顕宗論』、㊮または *AKV.* は『称友釈』、㊜または *AKTA.* は『安慧釈』、㊭または *AKLA.* は『満増釈』の略称である。また、蔵訳は北京版による。

第二節　生

第一項　命根のはたらき

命根には、衆同分を続け、衆同分を維持する、というはたらきがある。言い換えれば、命根は有情を生存させ存続させるエネルーギー源である、といえる。このなか、衆同分は同分ともいわれ、(6) つぎのようなものである。すなわち、畜生趣・人趣など

（5）死については、加藤宏道「仏教における死の概念」（『中央仏教学院紀要』第七号、一九九〇年、所収）で詳論した。

（6）同分（sabhāgatā〈蔵訳〉skal ba nyam pa nyid）は、『倶舎論⑪』などに説かれる。衆同分（nikāya-sabhāga〈蔵訳〉ris mthun pa）は、『品類足論⑫』・『発智論⑬』・『婆沙論⑭』・『倶舎論⑮』・『順正理論⑯』などに説かれる。

⑪『倶舎論』「根品」第四十一頌長行大正二九・二四上7、AK. 67, 13. 蔵訳83b6など。『順正理論』巻十二、大正二九・四〇〇上17など。

⑫『品類足論』巻一、大正二六・六九四上23。

の有情は、馬と馬、犬と犬、あるいは人と人のような、それら同類のあいだで、互いに、容貌や身体の形や皮膚の色、また諸根・行動や飲食する飲食物などが類似し、そして、種々の欲望や好みが類似する、これらの類似を引き起こす因になるもの、これが衆同分である。(7)

衆同分を続け、維持することについて、諸論書にはつぎのように説かれる。

『婆沙論』巻一四二・〈第二説〉有るが説く。命根は四処に於いて勝る。一に衆同分を続く。二に衆同分を持す。三に衆同分を護養す。四に衆同分をして断ぜざら令む。〔是くの如き四処に於いて勝るなり〕。(8)

このなかに説かれる三「衆同分を護養す」と四「衆同分をして断ぜざらしむ」とは、

⑬『発智論』巻一、大正二六・九二一下25。同、巻二、九二六中11。
⑭『婆沙論』巻二十七、大正二七・一三八上9。
⑮『倶舎論』「根品」第四十一頌長行大正二九・二四上8、AK. 67,13. 蔵訳83b7。

⑯『順正理論』巻十二、大正二九・四〇〇上18・20。

（7）『順正理論』巻十二・〔同〕一の趣〔の諸有情〕が等しく生じ、諸有情の〔同〕類〔の間〕において、所有の身・形〔色〕・諸根・業用（作用㊜）、及び飲食等が互いに相似することの因と、并びに其〔の飲食等〕を展転して相〔互〕に楽欲すること〔が相似すること〕の因とを衆同分と名づく。（大正二九・四〇〇上18—20）

『顕宗論』巻七も、「作用」を除いてこれと同文である（大正二九・八〇五中24—26）。

『称友釈』・阿遮利耶衆賢は「〔同一趣に生まれた諸有情について㊦㊫、同類どうしで〕身体・〔六〕根・形〔色〕・行動（ceṣṭa）・食物などが類似する〔外面的な〕因（kāraṇa）になり、そして、相互（anyonya）に〔食物などを〕楽欲すること〔が類似することの内面的な〕因（abhisaṃbandha-nimitta）になるものが同分性である」と説く。（159,9-10）

これは、『安慧釈』（253b7-8）、『満増釈』（193b2-4）にも引かれる。

（8）『婆沙論』巻一四二、大正二七・七三一中25—27。

「正説」は、この所掲文の直前につぎのように説かれる。

『婆沙論』巻一四二・命根は二処に於いて増上〔の用〕あり。〔謂はく、〕一に有根なりと説か令むる〔ことに於ける増上〕なり、二に根をして断ぜざら令むる〔ことに於ける増上〕なり。命根が若し在らば、有根なりと説く可き〔が故〕なり、及び諸根をして相続せしめ任せ令むるが故なり。（大正二七・七三一中23—25）

二「衆同分を持す」に収まる、と考えられる。

『雑阿毘曇心論』巻八・命根とは、種類を相続し、及び持するものなり。[9]

このなか、「種類」は衆同分に該当する訳語である。[10]

『倶舎論』『順正理論』には、二十二根を説明するなかに、つぎのように説かれる、

『倶舎論』「根品」・〈梵文〉命根には衆同分を結生することと維持すること(nikāya-sabhāga-saṃbandha-saṃdhāraṇa)と〔の二の増上〕がある。

〈玄奘訳〉命根の二〔の増上〕とは、謂はく、衆同分に於いて能く〔前生に〕※続け、及び能く持することとなり。[11]

※「前生に」は、註(15)所掲の『光記』による。

『順正理論』巻九・〈第二説〉或いは、〔命根には〕衆同分に於いて能く〔前生に〕※続け、及び能く持す〔る二の増上あり〕。

〔此の中、「能く続くる」は、〕無色界に於いて要ず命根有りて、方に所生の処の決定すること有るが故なり。

〔「能く持する」は、〕彼〔の無色界に生ぜる者〕が自地の善・染汚の心を起こし、或いは余心を起こすも、命終するに非ざるが故なり。(12)

---

(9)『雑阿毘曇心論』巻八、大正二八・九四〇上25—26。これは二十二根を説明する中に説かれる。

(10) 衆同分に該当する語が、『雑阿毘曇心論』巻九の心不相応行法を説明するなかでは、「衆生種類」(偈、大正二八・九四二下26)、「種類」(長行、大正二八・九四三上16)と説かれる。

(11)『倶舎論』「根品」初頌長行、梵文 *AK.* 38,17. 玄奘訳大正二九・一三下1—2。

(12)『順正理論』巻九、大正二九・三七七下11—13。この所説は、二十二根を説明するなかに説かれる。『顕宗論』巻五もこれと同文である(大正二九・七九五中17—19)。そして、この所説の一部は、のちの註(14)所掲の『安慧釈』『満増釈』と同意である。

「初説」は、この所掲文の直前につぎのように説かれる。

『順正理論』巻九・〈初説〉命根は二に於いて増上〔の用〕有りとは、謂はく、此れ(=命㉃)に由るが故に、諸根と及び根の差別とを施設す。此〔の命根〕有れば彼〔の諸根と根の差別と〕が有り此れ無ければ彼れ無し、といふことに由るが故なり。(大正二九・三七七下9—11)

『顕宗論』巻五もこれと略同文である(大正二九・七九五中15—17)。

このように、上掲の諸文には、「衆同分を前生に続けること」と「衆同分を持すること」とに対して、命根は勝れたはたらき、すなわち増上の用がある、と説かれる。このなか、「続ける」は、梵文では「結生する（saṃbandha）」である。つぎに、両者の具体的な内容についてみてみよう。

前者「衆同分を続ける（結生する）こと」を『称友釈』は「衆同分の生じること（nikāya-sabhāgotpatti）」と註釈するが、[13]『安慧釈』『満増釈』は具体的に、「続けること」は死有の直後に中有あるいは生有に結生することである、と説く。[14]四有のなかで、人などの衆同分を得る最初の生存の段階が中有に生まれる時であり、最後の生存の段階が死有である。例えば、犬としての本有を終えて死有を迎えると、つぎの刹那に人としての中有を得、そして、人の生有・本有へと進む、等である。したがって、「続けること」とは、猫から犬、犬から人などと、輪廻して生まれかわる場合について考えると、猫としての生を終えて、次生に犬としての生を得ることであり、また、

犬としての生を終えて次生に人としての生を得る等、前生を終えて次の生を得ること

(13) *AKV*. 95,12-14.

(14) 『安慧釈』『満増釈』・〔命根は〕「衆同分を結生する」とは、死有の直後に中有に結生する、あるいは、生有に結生することをえることである。ゆえんは、無色界でもこ〔の命根〕を獲ており、そして、生じることが決定しているからである。

(*AKTA*. 168a2-3; *AKLA*. 119b5-6)

なお、このなかに「中有に結生する、あるいは、生有に結生する」とあるなか、「中有」は新たな生を得る最初であり、⑪「生有」は此生に生を受けてやがて可視の状態になる初刹那の託胎である。前者は姿の見えるようになる前の状態について説き、後者は可視の具体相の最初の状態を述べる、ということであり、両者に意味的な差異はないであろう。

⑪ 註(3)所掲の『宝疏』、参照。

また、「ゆえんは、無色界でもこ〔の命根〕を獲ており、そして、生じていることが決定しているからである」は、前〔四八頁〕所掲の『順正理論』巻九の「〔「能く続くる」は〕無色界に於いて要ず命根有りて、方に所生の処の決定すること有るが故なり」と同意である。

である。このように、次の生を得ることに対して、命根は勝れたはたらきがある。(15)したがって、「衆同分を続けること」は、前生の衆同分を捨して次の生の衆同分を得ることである。

つぎに、後者「衆同分を維持すること」についてみてみよう。『称友釈』は、命根によって衆同分が現生において続く、と説く。(16)また、『安慧釈』『満増釈』は、命根によって衆同分を維持するので、無色界においても、有情は煩悩・善の心を有して生存する、と説く。(17)この所説は、無色界に生まれる者は、果体が無記であるのに、無記と異なる煩悩心や善心を起こしても死なないのは、無記の命根が有ることによる、ということを示す。それは、前掲（四九頁）の『順正理論』巻九に、

〔「能く持する」は〕彼〔の無色界に生ぜる者〕が自地の善・染汚の心を起こし、或いは余心を起こすも、命終するに非ざるが故なり。(18)

と説かれることと同意である。

なお、このことは命根が三界に遍在することが前提になっている。命根の遍在することは、『婆沙論』の、命根などの二十二根があるのに、心不相応行法のなかで命根

(15)『光記』は、次掲文のように、有情は命根によって前生から此生を受け、そして、此の現生を命根が維持する、と説き、前の註(14)・次々註(17)所掲の『安慧釈』『満増釈』と同じようなことを説く。

『光記』巻三・一に、命根に由るが故に、衆同分に於いて能く前〔生〕に続か令む。二に、命〔根〕に由るが故に、衆同分に於いて能く持して断ぜず。「能続」は前〔生〕に望み、「能持」は現〔生〕に拠るなり。(大正四一・五七上8—10)

(16)『称友釈』・命根の力によって、〔此生において〕そ〔の衆同分〕が後々に住するから、〔命根は〕衆同分を維持することに対しても増上である。(*AKV*. 95,14-15)

(17)『安慧釈』『満増釈』・その〔結生した〕後には、〔現生において衆同分を〕維持する。すなわち、煩悩・善の心を有するすべてのものが、命根の力によって、無色界で死なないことを現見する。(*AKTA*. 168a3; *AKLA*. 119b6)

(18)『順正理論』巻九、大正二九・三七七下13。

のみを「根」とする理由を示す箇所に、つぎのように説かれる。

『婆沙論』巻一四三・　彼〔の命根〕は、唯だ是れ有情数のみの摂にして、唯だ是れ異熟のみにして、〔三界に於いて〕能く遍く〔在りて、有情を〕任持するが故に、立てて根と為す。(19)

このなかの「能く遍く任持す」は、命根が三界に遍在し、有情を任持する、の意である。また、『入阿毘達磨論』にも、命根の存在を証明する理証中に、三界に命根の遍在することが、つぎのように説かれる。

〈蔵訳〉命根を除いては、他〔の眼根など〕の根で、〔現生において、六処の〕生の相続を不断ならしめて、〔五〕趣〔のいずれかの有情〕を施設する因になり、三界に遍在する〔という、このような根〕は無い。

〈玄奘訳〉若し、命根〔の有ること〕に異ならば、〔眼根などの〕別の有る法にして、是れ〔二十二〕根の性に摂せられ、三界に遍在して、〔現生に於いて、六処の〕一期の相続において間断する時無く、〔所〕依になりて四生・五趣〔の何れかの有情〕を施設す可き〔根〕無けん。[20]

ここには、三界に遍在することと、現生において生の相続を途絶えさせないで続けることと、「四生・五趣の別を施設する因になること」とが説かれる。このなかの、現生において生の相続を途絶えさせないで続けることが、衆同分を維持することを意味する。

以上、これらのことから、「衆同分を維持すること」は、現生の衆同分を保持し存続させることである、ということが判明する。

(19)『婆沙論』巻一四三、大正二七・七三七下2—3。所掲文の前に「問ふ。何が故に、諸不相応行に於いて、唯だ命のみを根と立つるか。答ふ。唯だ命根のみに根の義有るが故なり。」(七三七下1—2)と説かれ、続いてこの文が説かれる。

(20)『入阿毘達磨論』蔵訳 *PAA*. 412a5. 玄奘訳巻下、大正二八・九八七上28—中1。

なお、論書によると、つぎのように、六根・四大種を相続させる、と説かれる。

『阿毘曇心論』巻四・命根とは、〔六〕根、及び〔四〕大〔種〕等をして相続せしめ断ぜざらしむる〔法〕なり。[21]

このなかでは、前説の衆同分が「六根・四大種」になっている。六根・四大種は、有情の色心の全体を指し、「相続して」は結生して、の意であり、「断ぜざらしむ」「壊せざらしむ[22]」は維持する、の意であるから、これは、命根が有情の色・心を結生させ、住させる、という意味である。衆同分は六根などの色・心に依るから、諸根を維持することは、間接的に衆同分を維持することになる。そういう意味では、両説に大差はないであろう。

以上、命根のはたらきは、諸論書間で表現の異なる面もあるが、基本的には、命根は前生の生を終えた時、次生に結生するはたらきを有し、そして、生を得たのちは死ぬまで、その生を維持し続けるものである、と有部は考える。

第二項　命根と寿

命根と寿の関係について、『品類足論』は、

(21)『阿毘曇心論』巻四、大正二八・八三一上4。これは、心不相応行法の説明下に説かれる。

『阿毘曇心論経』巻六・命根は衆生の身を持する増上あり。

（二十二根の説明下、大正二八・八六四上24—25）

ここでは、「諸根」ではなく身体を持する、と説かれる。内容的には、諸根の集合が身・心の身体になるから、意味に大差は無いと思われる。

ただ、これに該当する『雑阿毘曇心論』巻九では「命根とは、種類をして相続せしめ、及び持せしめる〔法〕なり」（大正二八・九四〇上25—26）である。このなか、「種類」は衆同分を指す。註(10)、参照。

(22)『阿毘曇心論経』巻六・命〔根〕とは、随得せる〔六〕根・〔四〕大〔種〕・心の和合の事をして次第に相続せしめ壊せざらしむる〔法〕なり。

（心不相応行法の説明下、大正二八・八六六上17—18）

『雑阿毘曇心論』巻九・命〔根〕とは寿なり。謂はく、〔随〕得せる〔五〕陰・〔十八〕界・〔十二〕入をして壊せざらしむる〔法〕なり。

（心不相応行法の説明下、大正二八・九四三上28）

命根とは云何。謂はく、三界の寿なり。(23)

と説き、命根と寿とは同じ内容を指す、と説明する。この文は『婆沙論』『倶舎論』『順正理論』にも引かれ、(24)寿が命根の異名であるという考えが継承される。

このことは、『発智論』に、個別に、

命根は、或いは欲界繫、或いは色界繫、或いは無色界繫なり。
云何が欲界繫〔の命根〕なるか。謂はく欲界繫の寿なり。
云何が色界繫〔の命根〕なるか。謂はく色界繫の寿なり。
云何が無色界繫〔の命根〕なるか。謂はく無色界繫の寿なり。(25)

と説かれる。そして、このことは、『倶舎論』や『順正理論』にも説かれ、(26)続いて『順正理論』は、寿が命根の異名である、と明言する。(27)また、前掲の『倶舎論』を註釈する『安慧釈』『満増釈』も「寿が〔命根の〕異名である」と説明する。(28)したがって、有部は、命根と寿とが同一事の異名であり、寿は実有の法である、と考える。

（23）『品類足論』巻一、大正二六・六九四上23。

（24）『婆沙論』巻一二六、大正二七・六五七下11—12。『倶舎論』「根品」第十頌長行大正二九・十五下14、「根品」第四十五頌長行二六上25—26。『順正理論』巻十三、大正二九・四〇四中8—9。『顕宗論』巻七、大正二九・八〇八中5—6は『順正理論』と同文。

（25）『発智論』巻十四、大正二六・九九三中2—4。これは『婆沙論』巻一四五に引かれる（大正二七・七四五下20—22）。

（26）『倶舎論』「根品」〈梵文〉命〔根〕は寿である（第四十五頌a句、*AK*. 73,14）。

〈玄奘訳〉命根の体は即ち寿なり（大正二九・二六上24）。

『順正理論』巻十三（頌、大正二九・四〇四中7）や『顕宗論』巻七（頌、大正二九・八〇八中4）にも、このことが説かれる。

（27）『順正理論』巻十三・〔命根の〕異名は爾（寿）なりと雖も、〔寿の〕自体は未だ詳らかならず。応に更に、何の法を寿と名づくるか、を指陳すべし。謂はく、別法有りて、能く煖と識とを持する〔法〕を、説いて名づけて寿と為す。（大正二九・四〇四中9—10）。

『顕宗論』巻七にも、この『順正理論』と同文が説かれる（大正二九・八〇八中6—7）。

（28）『安慧釈』『満増釈』・『命〔根〕は寿である』〔という〕これは〔命根の〕異名（rnam grangs, paryāya）を説いているけれども、定義（mtshan nyid, lakṣaṇa）〔を説いているの〕ではない。〔ゆえんは〕論書中にある説明を省いているからである。

（*AKTA*. 268b4-5; *AKLA*. 206b2）

これに対して、経量部は、寿は実有の法ではない、と説く。そのことが『倶舎論』「根品」につぎのように説かれる。

〈梵文〉三界に属する業によって衆同分が住する期間の引勢力〔が寿〕である。或る期間〔衆同分が〕安住しうるという、業によってもたらされた衆同分の引勢力がはたらいている場合、その限り、彼〔の衆同分㊥〕は安住する。その〔引勢力のはたらいている〕期間が寿と称される。喩えば、穀物が成熟するまでの期間、有している引勢力のごときであり、放たれた箭が〔飛〕行し続ける期間の引勢力のごときである。

〈玄奘訳〉謂はく、三界の業の所引の同分の住する時の勢分を、説いて寿の体と為す。三界の業に由りて引かるる、同分の住する時の勢分の相続せることが、決定して応に住すべき時に随って、爾所《そこばく》の時のみ住す。故に、此の勢分を説いて寿の体と為す。穀の種等の所引の、乃至（一定期間）、熟する時の勢分の如く、又

た、放たれた箭の所引の、乃至（一定期間）、住する時の勢分の如きなり。(29)

このように、経量部は、寿を衆同分のもつ勢力であると考えて、実有の体としての寿を認めない。

しかし、有部は、寿を実体視して、命根は単なる勢いやなりゆきではなく、諸有情の前世の業によって引かれた実有の法である、と説き、生命の重さを示している。

第三項　命根を此生に引くもの及び命根の所依

前述のようなはたらきをもつ命根は、何によって此生にもたらされ、そして、此生の間、何を所依にして存続するのか、ということも問題になる。

---

(29)『倶舎論』「根品」第四十五頌長行、梵文 *AK.* 74,3-5. 玄奘訳大正二九・二六中15—20。この『安慧釈』『満増釈』の所説は、前掲の『順正理論』と似ており、明言しないが、おそらく『順正理論』に基づく説明であろう。

まず、前者の、命根は何によって此生に引かれるのか、ということについては、命根が異熟果であるから、命根は過去の業によって此生に引かれることになる。

そして、後者の、命根の所依については、『順正理論』につぎのように説かれる。

　此の寿の能持を、我れは、是れ〔先世の〕業なり、と説く。〔寿は〕一向に是れ〔先世の〕業の異熟果なるが故なり。〔及び、寿は〕一期の生ずる中に常に随転するが故なり。(30)

これによれば、寿を維持するものは、過去世の業であるとされる。

この場合、煖や識を維持するものも業であるといえないのか、という疑問が生じる。これに対して、『倶舍論』『順正理論』は、煖や識は業の異熟果でないから、業に依らないで、寿に依って維持される、と説く。(31)

また、『順正理論』には、

　此〔の命根〕は、先世の能引なる業に依りて転じ、及び現世の衆同分に依りて

(30)『順正理論』巻十三、大正二九・四〇四中15―16。
『顕宗論』巻七にも、この『順正理論』と同文が説かれる(大正二九・八〇八中11―12)。この所掲文と次註所掲の『順正理論』の文とは、『安慧釈』に「有余師説」として説かれる(269b4-7)ものとほぼ一致する。また、『倶舎論』「根品」第四十五頌長行にも同意のことが説かれる(大正二九・二六中4―5)。

(31)『順正理論』巻十三。煖は一向に〔先世の〕業の異熟果に非〔ざるが故に、煖の能持は先世の業に非〕ず。

識は二〔義〕倶に〔有るに〕非ず。〔或いは、識は〕一期に常に随転する処有りと雖も、而も一向には是れ〔先世の〕業の異熟〔果〕に非ず〔して、等流性・一刹那の識もあり〕。故に、識は〔先世の〕業に由りて持せらるると説く可からず。是の故に、寿が能く煖・識を持す、と説く。

〔亦た〕業の〔所〕感に非ざる識の流転する中には、業に少分たりとも〔識を〕能持する功用有るに非ず。〔同〕一の〔衆〕同分の中において、異熟生の識は断ずるも、而も更に〔余の識の〕続くは寿の力に持せらるればなり。(大正二九・四〇四中16―21)

『顕宗論』も、二、三の語を除いて『順正理論』と同文である(巻七、大正二九・八〇八中12―17)。

煖や識を維持するものは、先世の業ではなく、寿である、ということは、『倶舎論』「根品」第四十五頌長行にも論じられる(大正二九・二六中5以下)。

転ずるなり。(32)

と説かれる。これによると、命根は能引である先世の業と現世の衆同分とに依って随転する。もし所依身のみに依って随転するならば、無色界には色である所依身が無いので命根が無いことになる。(33)また、心のみに依って随転するならば、無心の位では心が無いので命根が無いことになる。(34)それゆえ、命根は、所依身のみ、あるいは心のみに依って転起していくことはない。

したがって、命根は過去の業（引業）によって此生に引かれ、そして、此生においても命根はその過去業に依って転起する。換言すれば、此生の命根は過去業によってその期間が決められる、と言える。そのことは、留多寿行・捨多寿行を論じるなかに説かれる。(35)そこでは、釈尊の寿命は、本来は百二十歳であるが、事情によって後半の四十歳を捨して、八十歳にする、(36)と説かれる等である。

命根が異熟果であり、命根の所依が過去世の業であることは、有情の寿命が過去世の業によって決定されることを示す。一見、このことは宿命論的に受け止められ易いが、現実的には、犬や猫や人間などの上に寿命の長短のあることからして、ここに意味される寿命は、犬一般、人間一般として決定づけられた寿命を指し、犬や人間のあいだの個々の寿命の長短を指すのではない、と解するべきである。科学的にみて、なぜ犬の寿命と人間のそれとが異なるのか、わたしにはわからないが、有部はその寿命の長短の相違を過去世の業に求める。もとは細胞に端を発した「生」が、現在、無数

(32)『順正理論』巻十三、大正二九・四〇四下24—25。『顕宗論』は、一部、省略されるが、『順正理論』のこの所説とほぼ同意である（巻七、大正二九・八〇八中22）。
(33)『順正理論』巻十三・命根は唯だ身のみに依りて転ずるに非ず。無色界に於いても命根有るが故なり。（大正二九・四〇四下22—23）
(34)『順正理論』巻十三・〔命根は〕唯だ心のみに依りて転ずるにも非ず。無心の位に処しても、亦た命〔根〕有るが故なり。（大正二九・四〇四下23）
(35)『婆沙論』巻一二六、大正二七・六五六上—六五七下。
(36)『婆沙論』巻一二六、六五七中7以下に「有説」として説かれる。

の生物の「生」として地球上に存在する。それら個々の生物の進化の過程をすべて知ることはできないが、それらの生物の寿命が一ケ月で死ぬもの、十年で死ぬもの等々、異なることは事実である。その相違は過去世の業、すなわち個々の生物の過去世の生命活動の異なりによる、と有部は考える。

「生」は、此世に生命を受けることであり、それは忽然として湧くがごとくに受けた生命ではない。それは、人についていえば、両親、その祖父母など、無数の先祖の生命が相続されたことによって此世に生命を受けるのである。換言すれば、相続されてきた無数の先祖の生命の凝縮したものが、此世の生命である、ということになる。そういう意味では、此生の生命のなかには過去世の先祖の無数の生命が生きている、といえる。そのことが、仏教では、此世の生命は宿業の果である、といわれる。

このことからすると、所詮、私の生きていることも、人類の長い生命の歴史のひとコマに過ぎないことになる。自己に限定していえば、先祖の生命の歴史のうえに生存しているのである。そして、諸々の有情に共通し諸有情を取り囲んでいる山川国土などの自然環境を含めていえば、過去の自然環境が、現在の私の「生」をもたらしてくれ、それが現在の自己を支えてくれている、そのような自然のうえに存在しているのが、現在の「自己」である、ということになる。

第三節　死

第一項　死の到来する時

死は、経典では四諦のなかで苦諦の生・老・病・死などの八苦中の死苦を説明する箇所や、十二縁起の一々の支を説くなかの死支を説明する箇所でされている。論書になると四有の一として死有が説かれるが、そこでは死についての詳しい説明はされていない。

人の生存を支えるもっとも基本的な要因は寿・煖・識の三である、ということれが、仏教一般にみられる生存観である。したがって、これらの三を欠けば、生存し続けることができなくなる、すなわち死に至ることになる。このことは、諸経典や諸論書に説かれている。

まず、『大拘稀羅経』にはつぎのように説かれる。

尊者大拘稀羅は答へて曰はく。三法が〔身を離るること〕有りて、生身の死し已り、身が塚間に棄てられ、〔横たはること〕木に情無きが如きなり。

云何が三と為すか。

一には寿、二には暖、三には識なり。

此の三法〔が身を離るること〕ありて、生身の死し已りて、身が塚間に棄てられ、〔横たはること〕木に情無きが如きなり。(37)

(37)　中阿含経巻五十八、二一一『大拘稀羅経』大正一・七九一下11―14。

『大拘稀羅経』のこの頌の「如木無情」の意味は、無情を木にかけるか、死にかけるかで、すこし異なる。一は、死を、心や意志をもたない木に喩えることであり、一は、心や意志をもたなくなった死を、木に喩えることである。以下に掲げる『伽摩経』などの第四句「無心如木石」などの「無心」についても、同じようなことがあてはまる。

ほとんどの経典[11]やアビダルマ論書[12]は前者である。

また、後者は、『伽摩経』（註39）・『大乗密厳経』（註43）や註⑫所掲の『倶舎論』「根品」第四十五頌長行の蔵訳「sems med ji ltar shing bzhin no」（89b1）にみられる。

いずれの解釈が妥当であるかといえば、前者の解釈であろう。すなわち、初句・第二句で寿・煖・識を捨てると説くので、死者が無意識状態であることは判明しているから、第四句で再度、無意識状態・無心であることを説く必要はない。したがって、第四句では死者を無意識・無心の木に喩えると考えるのが妥当であろう。

⑪ この『大拘稀羅経』や『法楽比丘尼経』（註38）・『泡沫経』（註40）・『五陰譬喩経』（七〇―七一頁所掲）・「yathā kaṭṭham acetanan」（*MN*.I, p.296）などである。

⑫ 『倶舎論』「根品」第四十五頌長行のなかに、yathā kāṣṭam acetanam[21]（*AK*. 73, 20）・玄奘訳「如木無思覚」（二六上29）・真諦訳「如枯木無意」（一八四下9）と説かれる。また、「業品」第七十三頌長行にも同じように説かれる *AK*. 243, 22[21]・玄奘訳八六下16・真諦訳「如枯木無覚」二四二上24、蔵訳 ji ltar shing la sems med bzhin（236b7）。『順正理論』巻十三（大正二九・四〇四中13）・『入阿毘達磨論』巻下（大正二八・九八七上26）・dper

これとまったく同じこと（文章も略同）が、『法楽比丘尼経』にも説かれる。[38] また、同じようなことが、以下の経典などに説かれる。

『伽摩経』・ 復た問ふ。尊者よ、幾法が〔身を離るること〕有りて〔人が死ぬる〕か。

若し人が身を捨つる時、　彼の身屍は地に臥し、
丘塚の間に棄てられ、　無心なること木石の如きなり。

答へて言はく。長者よ、

寿・暖と及び識とを、　身を捨つる時に俱に捨て、
彼の身は、塚間に棄てられ、　無心なること木石の如きなり。[39]

この『伽摩経』と同じことは、『泡沫経』にも説かれる。[40]

『五陰譬喩経』・ 〔五〕陰を見んと欲すれば、当に爾なるべし、
真智〔者〕は皆な然なり、と説けり、〔即ち〕三事の断絶する時、

身に直《なお》き所無しと知る、と。　〔三事とは〕命気・温燸・識なり。

三八三下22)。

na shing la sems med bzhin」(*PAA*. 412a4)・「如枯木無知」(『四諦論』巻二、大正三二・

㉑「根品」「業品」ともに、プラダン本は acetana に訂正しているが、脚注によれば写本は acetanam である。

(38) 中阿含経巻五十八、二一〇『法楽比丘尼経』大正一・七八九上2―5。

(39) 雑阿含経巻二十一、五六八『伽摩経』大正二・一五〇中4―10。

第四句「無心如木石」の解釈については註(37)、参照。

前の「若し人が」云々の頌は、『法句経』「ああ、この身はまもなく地によこたわるであろう。――意識を失い、無用の木片《きぎれ》のように、投げ棄てられて。」(四十一、中村元訳『法句経』、一六頁)に類似する。

(40)『泡沫経』・此の苦陰の身に於いては、／大智〔者〕は分別して説けり。／三法を離るれば、／身は棄物に成ると為す。／〔三法とは〕寿・暖、及び諸識なり。／此れ〔ら三〕を離れし〔残〕余の身分は、／永く丘塚の間に棄てられ、／〔横たわること〕木に識想の無きが如きなり。(雑阿含経巻十、二六五『泡沫経』大正二・六九上23―26)

第四句「如木無識想」の解釈については、註(37)、参照。

〔これら三事が〕身を捨して而も転逝すれば、
当に其れは死して地に臥すべし。　猶し草に所知無きが如きなり。(41)

また『水沫所漂経』にもこれと類似することが説かれる。(42)

この『伽摩経』などに説かれる「寿暖及与識　身捨時倶捨、彼身棄塚間　無心如木石」と同意の頌は処々にみられる。例えば、つぎのように説かれる。

『大乗密厳経』巻下・　寿・煖と及び識とを、若し身より捨すれば、身に覚知
無く、〔それは〕木石に同ずるなり。(43)

そして、アビダルマ仏教でも命根を説明する箇所などに説かれる。(44)　また、『成唯識論』巻三には、阿頼耶識の存在を証明する理証の一として、この「寿・煖・識」の頌が取意され説かれる。(45)

したがって、寿・煖・識の三が生存を支える基本的な要因であるということは、初期仏教から大乗仏教にわたって仏教一般に認められていると考えてよい。

これらの所説からすると、寿・煖・識の三が無くなった時、人は死ぬ、となる。では、三のなかのいずれかひとつが無くなった時にはどうなるのか。そのことを考えてみよう。

まず、識については、『伽摩経』などに説かれるように、滅尽定などにおいては識が滅するので、識の滅がただちに死を意味することにはならない。したがって、意識

(41) 『五陰譬喩経』大正二・五〇一中23―26。第四句「猶草無所知」の解釈については、註(37)、参照。

(42) 『水沫所漂経』・ 空にして亦た所有無し。／若し能く是の観を作せば、／此の身中を諦察す。／〔これは〕大智〔者〕の所説なり。／当に、此の三法を滅せば、／能く色を捨し除去すべし。／ 此の行も亦た是くの如し、／幻師にして、真の術ならず。（大正二・五〇二中1―4）

(43) 『大乗密厳経』巻下、大正一六・七四二上21―22。

(44) 註(37)に、アビダルマ諸論書を掲げた。

(45) 『成唯識論』巻三「契経説、寿煗識三　更互依持　得相続住」(新導本一二九頁)。

の無い植物人間状態のような人であっても、その人を死者とみなすことはできない。また、煖は身体の温もり、すなわち体温である。寿は生存を支える根源的なものであり、人間が直接これを認識することはできない。

寿と煖との関係について、中阿含経巻五十八『大拘稀羅経』には、つぎのように説かれる。

尊者大拘稀羅は答へて曰はく。意は寿に依り寿に依りて住す。（七九一中20―21）

尊者大拘稀羅は答へて曰はく。寿は暖に依り暖に依りて住す。（七九一中24―25）

尊者大拘稀羅は答へて曰はく。寿と及び暖との此の二法は合して〔ありて〕、別々に〔あら〕ず。此の二法は別々に施設す可らず。所以は何ん。寿に因るが故に暖有り。暖に因るが故に寿有り。若し寿無くんば、則ち暖無し。若し暖無くんば、則ち寿無し。猶し、油に因り炷に因るが故に燃ゆる灯を得る〔時〕、彼の中に、焰に因るが故に光有り、光に因るが故に焰有り。若し焰無くんば、則ち光無く、光無くんば、則ち焔無きが如し。

是くの如く、寿に因るが故に暖有り。暖に因るが故に寿有り。若し寿無くんば、則ち暖無し。若し暖無くんば、則ち寿無し。

是の故に、此の二法は合して〔ありて〕、別々に〔あら〕ず。此の二法は別々に施設す可らず。(46)（七九一中28—下6）

このように、寿・煖の両者は相互に依存しあう関係にあり、一方が滅すれば他方も滅するので、一方が存在し一方が滅することはありえないから、滅する場合には、両者はともに滅し、それがそのまま死を意味する。(47)

また、前（七〇頁）掲の『伽摩経』の文のあとに、死と滅尽定とが比較されて、つ

---

(46) 中阿含経巻五十八、二一一『大拘稀羅経』大正一・七九一中20—下7。*MN*.I, p.295

(47) 寿・煖が相互に依存していることについては、『倶舎論』「根品」（第四十五頌長行、大正二九・二六中1以下）にも説かれる。

ぎのように説かれる。

寿・暖を捨つれば、諸根が悉く壊し、身と命とが分離す、是れを名づけて死と為す。

滅尽定〔に入る〕者は、身・口・意の行が滅するも、寿命を捨てず、暖を離れず、諸根が壊せず、身と命とが相属するなり。

此れ、則ち、命終と滅正受に入るとの差別の相なり。(48)

ここには、寿・煖が無くなれば、諸根すなわち肉体の機能がなくなり、身体の生命が失われる、と説かれる。これによれば、死は、寿・煖が滅し、肉体の機能がまったく無くなった時である。これと同じことは、前掲の『大拘稀羅経』『法楽比丘尼経』の文のあとにも説かれる。(49)

また、上掲の所説からもわかるように、三法はつねに寿・煖・識の順序で説かれる。これは、寿がもっとも基本であり、その寿が滅すると、心臓をはじめとする身心の諸機能が無くなり、肉体的には体温低下、精神的には無意識状態になる、ということを表す。生存という点からいえば、一般的には、寿がはたらき、それによって体温も維持され、意識が活動する、ということが基本である。

第二項　死の因

有情は命根が有る限る生きている。それは逆にいえば、命根が無くなれば死ぬ、と

(48) 雑阿含経巻二十一、五六八『伽摩経』大正二・一五〇中12―15。
(49) 中阿含経巻五十八、二一一『大拘稀羅経』・尊者大拘稀羅は答へて曰はく。死〔者〕は〔身行寿命が滅し訖り、温暖が已に去り、諸根が敗壊す。比丘よ、滅尽定に入る〔者〕は〔身行が滅し消え、口行が滅し消え、心行が滅し消え、〈パーリ文による補〉〕寿が滅し訖らず、暖も亦た去らず、諸根も敗壊せざるなり。死〔者〕と及び滅尽定に入る者とは、是れを差別と謂ふなり。（大正一・七九一下17―20。*MN.*I, p.296）
中阿含経巻五十八、二一〇『法楽比丘尼経』大正一・七八九上8―11。

なる。そこで、命根が何によって滅するのか、すなわち、如何なる原因で死ぬのか、ということを考えてみよう。

死の原因について、『婆沙論』は『施設論』を引いて、四種の因による死をつぎのように説く。

復た次に『施設論』に説く。「四種の死有り。一に寿の尽くるが故に死に、財の尽くるが故に〔死ぬるに〕非ず。（一〇三中3―4）…中略…

二に財の尽くるが故に死に、寿の尽くるが故に〔死ぬるに〕非ず。（中5―6）

三に寿の尽くるが故に死に、及び財の尽くるが故に〔死ぬる〕なり。（中7―8）

四に寿の尽くるが故に非ずして死に、亦た財の尽くるが故にも非ず〔して死ぬ〕。一類有りて、長寿〔を招く〕業と及び多財〔を招く〕業とを有するも、彼れは、後時に於いて財と寿との二が倶に未だ尽きずと雖も、而も悪縁に遇ひて非時にして而も死ぬるが如し、と。

彼の論を作りし者は横死の有ることを顕さんが故に、是の説を作せり。(50)

（一〇三中9―13）

これは『倶舎論』「根品」・『順正理論』にも引かれる。(51)最初の、寿の尽きることによって死ぬのは、前世の業によって引かれ、期間の定められた此生の寿が、その期間を全うして終えることである。いわゆる、天寿を全うした死である。第二の、財の尽きることによって死ぬのは、身体を支える食料などの資財が尽きて身体を支えられなくなって死ぬことである。第三の、寿と財との尽きることによって死ぬのは、両者がともに尽きて死ぬことである。最後の、寿も財も未だ尽きないのに死ぬのは、持って生まれた寿命を全うしないで、病気や事故などの悪縁に

(50)『婆沙論』巻二十、大正二七・一〇三中3―13。
(51)『倶舎論』「根品」第四十五頌長行、大正二九・二六中26―下2。『順正理論』巻十三、大正二九・四〇四下26―四〇五上1。

よって死ぬことである。

有情の死の多くは第四番目の死ではなかろうか。与えられた寿命を全うすることの難しさが窺われる。なお、寿命を全うしないで死ぬ中夭については、仏・菩薩は中夭しないなど、中夭しない有情もおり、すべてに該当するとは限らない。[52]

また、『四諦論』には、つぎのような死の種類が説かれる。

死には、自性死・横死があり、このなかの、自性死には、寿命を此生に引いた業の尽きることによる死と、寿命の尽きることによる死とがある。横死にも、自分が車の運転を誤って死ぬ場合などの、自身による横死と、事故に巻き込まれたり人から切りつけられて死ぬ場合などの、他者による横死とがある。[53] この横死には、病気による死なども含めてよいのであろうか。なお、現在、使用されている横死の意味は、不慮の災難などに遭遇して死ぬこと、である。

また、別な分類によれば、随刹那死と横死と因の尽きること（因尽死）による死との三種がある。「随刹那死」とは、受胎と胎中五位と胎外五位という十一位(54)における刹那刹那に生滅を繰り返しているときの、刹那生滅の観点からの、瞬間瞬間の「死」

(52)『倶舎論』「世間品」第八十五頌長行に、北倶盧洲の有情と、覩史多天に住する一生所繋の菩薩と最後有の有情と仏の記別した者と仏のもとに遣わされた使者と随信行・随法行と菩薩・輪王を懐妊している女性とは、中夭しない、と説かれる(大正二九・六一下28—六二上4)。

(53)『四諦論』の所説については、福原亮厳『仏陀根本教説への智慧——四諦論の研究』(永田文昌堂、一九七二年)二二四—二二五頁に詳説されている。
『四諦論』巻二・死に二種有り。一に自性死、二に横死なり。〔此の中、〕自性死には復た二種有り。一に業の盡くることに由る〔死〕、二に命の盡くることに由る〔死〕なり。横死に亦た二種有り。一には自による横〔死〕、二には他〔者〕による横〔死〕なり。(大正三二・三八三下24—26)

(54)『倶舎論』「業品」・胎中の五〔位〕とは、一に羯刺藍、二に頞部曇、三に閉尸、四に鍵南、五に鉢羅奢佉なり。胎外の五〔位〕とは、一に嬰孩、二に童子、三に少年、四に中年、五に老年なり。(第五十三頌長行、大正二九・八二上25—27)
胎内の五位は、『倶舎論』「世間品」にも説かれる(第十九頌長行、大正二九・四七下23—24)。

である。[55]この死は、諸行が刹那刹那に生滅を繰り返しながら存続して行く、という法の存在の在り方から説かれるものである。これは抽象的・観念的な死である、といわれるであろう。したがって、身体のうえに起こる死のように、五官によって認識されることはない。この死は、前掲の『婆沙論』などには説かれていない死である。

横死は、毒・火・刀・杖などによって、自ら命を絶つことや他者によって殺されることである。[56]「因の尽くるによる死」は、寿命を此生に引いた業が尽きることによる死である。それは、蠟燭の芯の尽きることによって灯火の消えるがごときである。この死は真実であり、阿羅漢のみにある。[57]これこそ、まさしく天寿をまっとうした死である、といえるであろう。

第四節　まとめ

有情の生命について、或る特定のものを抽出して、これが生命の根源であると断定することは、多くの様々な因縁によって構成され、維持されている有情の生を正しく把握していないことになるかもしれない。しかし、といって、ただ漠然と諸法の因縁

---

(55)『四諦論』巻二。復た次に、死に三種有り。一に随刹那死、二に横死、三に因の尽くることによる死（因尽死）なり。「随刹那死」とは、託胎以來より、乃至⑪、柯羅邏等の十一位に、無瞬⑫・無息にして刹那〔刹那〕に謝する〔死〕なり。…中略… 又た、經に「比丘よ、汝等は刹那刹那に生まれ老い及び死ぬ」と説くが如し。是れを随刹那死と名づく。（大正三二・三八三下26―三八四上4）

⑪ 託胎の直後が柯羅邏の位であり、以後、胎内の四位と胎外五位とが続くから、「乃至」の語は無いほうがよいであろう。

⑫「瞬」㊂㊪＝「眴」㊣

(56)『四諦論』巻二。「横死」とは、毒・火・刀・杖等による自の作、或いは他の作、此れに因る命根の断なり、是れを横死と名づく。（大正三二・三八四上4―5）

(57)『四諦論』巻二。「因の尽くることによる死」とは、長寿を感ずる業が尽き滅し余すこと無き〔ことによる死〕なり。是の死は真②実にして、唯だ羅漢のみに有り。猶し灯の尽くるが如きなり。是れを「因の尽くることによる死」と名づく。（大正三二・三八四上5―7）

② 「真」㊄㊊㊄㊊＝「貞」㊣

生の立場から、有情の生命が多くの因縁の集合体であると説くことは、生命の把握が曖昧になり、厳密性を欠くことになる。アビダルマ仏教、なかでも、有部は、あらゆる現象をことばによって説明し究明しようとしている。生命現象についても例外ではなく、その姿勢は貫かれる。その結果、到達した生命観が、いままで述べてきた、命根を中心とした生命現象の解明である。

有情の生命を単に諸因縁の集合体であると見ることは、物体を諸因縁の集積したものであると看なすような、機械的に、有情の生命現象を諸因縁の離合集散によると割り切る考え方に陥り入り易い。しかし、有情の生命が、諸因縁の機械的・偶発的な離合集散のうえに築かれたものではなく、無量無数の生命体の悠久な生命活動の延長線上に与えられたものであるということは、有情の進化のうえに看取することができる。そこには、生命がより生存し易いように、あるいは生存するために都合のいいように――科学的には生物の進化と表現される――すこしずつ形態の変わっていった面がある。それは、有情の生命活動の努力の集積の結果でもある。その故にこそ、有情の生に尊厳があるのである。そこで、的を絞って、有情の生を支える根源的なものを設定することは、生にそなわる尊厳をより明確に示すことになるであろう。有部の考える命根はまさしく、この生の尊厳を象徴的に示しているといえる。

命根が前世の業によって引かれた異熟果であることは、有情の生命が、過去の無数の生物の生命活動（前世の諸業）によって必然的にもたらされ、現在の生命としてあることを示す。その過去の一連の生命活動のなかで、一瞬たりとも生命が途絶えていれば、現在の生存は無いのである。過去に生きていた無数の生物の生命活動の凝縮されたものの結果が現在の生存であることに気づけば、おのずからその生命の重さも尊厳性も知られてくる。命根を異熟果として把握する見方は、このような生命観をわれわれに示してくれる。

また、命根が異熟果であり、命根の所依が過去世の業であることは、有情の寿命は過去世の業によって決定されることを示す。一見、このことは宿命論的に受け止められ易いが、現実的には、犬や猫や人間などの有情の種類の別によって寿命の長短のあるように、ここに意味される寿命は、犬一般、人間一般として決定づけられた寿命を指し、人間のあいだの個々の寿命の長短を指すのではない、と解するべきである。もとは細胞に端を発した生が、現在、無数の生物の生として地球上に存在する。それら個々の生物の進化の過程をすべて知ることはできないが、それらの生物の寿命が一ケ月で死ぬもの、十年で死ぬもの等々、異なることは事実である。犬や人間など、もろもろの動物のあいだのこのような寿命の長短の相違は、過去世の業、すなわち個々の生物の過去世の生命活動の異なりによる、と有部は考える。

このように、一定期間の寿命を与えられた生物は、人間や犬などの同一種のあいだでは、同じ期間、生きるはずであるが、個体によって実際には生きる期間に長短がある。これはなぜか、という疑問に答えるために、有部は死の原因を四種挙げる。そのなかの、食料などの不足による死や、病死や横縁による事故死などが、人間のあいだで寿命の長短を生じる原因になる。実際、病にも冒されず健康な身体を維持し、与えられた寿命を全うすることは至難のわざであること、見ての通りである。

命根を中心とした有部の生命観を現実の生命活動に引き当てて考えると、それは非常に含蓄のあるものとして、我れわれに多くのことを教えてくれる。ここには、生理的な面と同時に、それをいかに受け止めていくかという精神的な面からの示唆もされている。単に諸因縁の集積のうえに生命があるのではなく、無数の生物の長い長い生命活動の歴史のうえに、必然的な生として現在の生がある、と考えねばならぬ、ということを教えているように思われる。

有情の生命は輪廻している、と認めるならば、現在、人として生きているこの生命はその輪廻のなかで、一つの形態に過ぎないことになる。換言すれば、人としてのこの生命は、輪廻を繰り返しながら生きている生命の歴史のなかの一コマに過ぎないことになる。このような生命観に立って、今を生きる人類の生き方は如何にあるべきか、ということのなかの一つである、生殖技術のありようについて考えてみたい。

総論的にいえば、各世代の人類は、次世代へ負の遺産を残すことは極力、避けるべきであり、前の世代から引き継いだものをいい形で次世代へ渡すべきである。

それを、生命倫理のうえからいえば、次世代にわたる生命操作はすべきではない、となる。具体的にいえば、生殖の過程への過度な人為的な介入は控えなければならない、ということである。両親間の精子・卵子による体外受精卵の母胎での成育は容認されるであろう。しかし、それを第三者の女性の胎内で育てることは、一般的には控えるべきであろう。ましてや、第三者の提供した精子や卵子による受精卵による生殖は認めるべきではない。これを認めると、優秀な素質をもつ精子と卵子との受精卵を求めることに走りかねないからである。また、特定の第三者からの精子や卵子の提供による受精卵によって多数の子が生まれると、同父異母や異父同母の男・女が誕生し、自らの遺伝子的な両親を知らない男と女とが近親結婚をすることも有り得るからである。

また、最近では、精子や卵子あるいは受精卵の段階で、遺伝子操作をし、遺伝子にかかわる病気の発生を避けようとする研究がされている。難病にかからないための措置として、有益な面もあるが、しかし、そのことが、逆に予期せぬ事態を引き起こすかもしれない。また、それが悪用されれば、憂慮すべき事態を招くことになる。良い素質をもつ遺伝子に変える、あるいは置き換えることによって、人為的に特定のことに関して勝れた人間を誕生させることが可能になるからである。そして、人間は総体的なバランスのうえに人間の優劣が論じられるべきであり、特定の事柄のみによって評価されることは、一般的な価値基準とはなりえないからである。その点、受精卵への遺伝子操作は慎重にしなければならない。

第三章　真宗の業観と初期仏教の業観

第一節　はじめに

第二節　初期仏教における業説

第一項　総説

第二項　有漏業

第三項　無漏業

第四項　インド仏教に説かれる有漏業・無漏業

第五項　むすび

第三節　真宗における業説

第一項　有漏業についての考え方

第二項　有漏業の範疇に属する倫理道徳

第四節　まとめ

第一節　はじめに

釈尊自らが、わたしは業論者であり、業果論者であり、精進論者である、[1]と説かれたように、仏教は、業因業果の立場にたち、自らのなした業に対して自らその果を招く、という自業自得の業説を説く。そして、アビダルマ仏教になると、この業は有漏業と無漏業とに分けられるようになる。[2]前者、有漏業は衆生が六道を流転輪廻する因になる業であり、無漏業はこの輪廻から出離して、悟りへ趣く因になる業である。換言すれば、有漏業は迷いの因果、すなわち世俗的因果を支配し、無漏業は悟りの因果、すなわち勝義的因果を支配する、といえる。また、世間でいわれる倫理道徳は、宗教を異にしていても、あらゆる人びとに適用され、妥当するものでなければならないという点を考えると、有漏業の範疇に属するであろう。

なお、仏・菩薩の衆生済度などの業は、凡夫が自ら修行して悟るための業とは性格が異なるが、これも無漏業である。
親鸞聖人の著述のなかにも、この有漏業・無漏業は説かれる。まず、有漏業は、たとえば「信巻」至心釈に、

如来の至心を以って諸有の一切煩悩悪業邪智の群生海に回施したまへり。(3)

と説かれるなかの悪業や、『唯信鈔文意』に、

(1) 南伝大蔵経第十七巻、増支部一・四七三―四七四頁。
(2) 舟橋一哉「仏教における業論展開の一側面」・業を分って有漏業と無漏業とにする、ということとは、おそらくアビダルマ仏教に至ってからのことであろう。原始仏教の時代においては、有漏業とも無漏業とも言わないで、ただ「業」とのみいわれていた。そして、この場合、「業」と言えば、のちにいう有漏業を指すのであって、原始仏教の時代において無漏業を「業」と称するということは原則としては無かったものと思われる。それでは、そのような業は何と称せられていたかといえば、多分「梵行」等の語をもって説かれていたのであろう。(五七頁)
舟橋『仏教としての浄土教』(法蔵館、一九七三年)一九七頁以下に詳説されている。
(3) 『教行信証』「信巻」真聖全二・六〇4。

無碍は有情の悪業煩悩にさへられずとなり。(4)

と説かれる場合の「悪業」がそうである。また、後（一一〇頁）に掲げる「凡聖所修の雑修雑善の川水」などの「善業」も、真宗の立場からすれば、有漏業になるであろう。

つぎに、無漏業は「大願業力」や「正信偈」の「本願名号正定業」などと説かれる場合の業であり、それを意味する業は枚挙にいとまがない。概して、初期仏教・アビダルマ仏教などが無漏業よりも有漏業を詳しく説くのに対して、親鸞聖人の説き方は、無漏業に重点が置かれ、それの説明の方が有漏業の説明よりも詳しくされている。

この相違はどのように解するべきであろうか。また、有漏業によって示される真宗の倫理道徳の面はいかに考えるべきであろうか。これらの点について、初期仏教などの一般仏教で説かれる業と比較しながら論じてみたい。

第二節　初期仏教に於ける業説

第一項　総説

初期仏教において輪廻と転迷開悟とを端的に示す文は、『法句経』のつぎの所説である。

①或る者たちは〔人の〕胎に宿り、②悪業をなした者たちは地獄に〔堕し〕、③善行をなした者たちは天に昇り、④煩悩の滅した者たちは涅槃に入る。（一二六）(5)

ここに説かれる前三句は輪廻の相状を表す。具体的には、①人中に生まれるものや③善行を積んで天に生まれるものは、善業によって人・天の善趣（楽趣）へ生まれることを示し、あるいは②悪業をなして地獄に堕するものは、悪業により悪趣（苦趣）に

（4）『唯信鈔文意』真聖全二・六三一8—9。
（5）中村元訳『法句経』一二六、二八頁

堕することを示し、典型的な業因業果の輪廻のパターンを説く。(6) そして、最後の第四句は煩悩のない人は涅槃に入るという転迷開悟を示す。

第二項　有漏業

有漏業は、この②悪業をなした者、③善行をなした者と説かれる場合の、悪業・善行である。これは相対的善悪であり、一般に悪（pāpa）・福徳（puñña）と称される。これらの諸業が福徳あるいは悪といわれるのは、それらの業が因になって善果（楽果）・悪果（苦果）を招くからである。ここでは、善因楽果・悪因苦果という因果応報が、善・悪を決定する根拠になっている。これは廃悪修善として説かれる世間的な次元での善悪、あるいは、相対的な域をでない善悪である。『法句経』に、

すべての悪（pāpa）をなさず、善を具足し、自己の心を浄化すること、これが諸仏の教えである。（一八三）

〈漢訳〉諸悪を作すこと莫く、衆善を奉行し、自ら其の意《こころ》を浄めること、是れ諸仏の教なり。(7)

---

(6) 藤田宏達「原始仏教の倫理思想」・これ（九五頁所掲の『法句経』一二六）によると、人間の行為の果報として、(一)悪業者が地獄におち、(二)善く行ける者（善業者）が天界に生まれ、(三)煩悩のなくなった者（無漏の者）が涅槃に入る、という三つの立場がはっきり区別して説かれている。そして、この中では、第三の立場が仏教にとって本格的なものであるということはいうまでもない。第一の悪因苦果の立場は、当然捨てられるべきであるが、第二の善因楽果の立場も、第三の無漏涅槃の立場には及ばないのである。第一・第二の立場は、一般社会に通ずるものであるから、これを世間的（世俗的）な立場とすれば、第三の立場は、世間を超えた出世間的（超世俗的）な立場であるといってよい。

世間的立場に立つ教えは、主として在家信者に対して説かれ、出世間的立場に立つ教えは、主として出家修行者に対して説かれるというのが、原始仏教の基本的あり方であった。（二八―二九頁）

中村元『原始仏教の生活倫理』四六―四八頁、真野竜海「初期仏教の倫理思想――善の位置について――」（壬生台舜編『仏教の倫理思想とその展開』大蔵出版、一九七五年、所収）五九―六十頁、参照。

(7) 中村元訳『法句経』一八三、三六頁。

という、いわゆる「七仏通戒偈」に説かれる前二句に示されているものも、世間的な次元の善・悪である。この相対的善の実践は、死後、よりよい善趣に生まれることを目指しており、そういう意味では執著を伴うから、完全な無償の善の実践とはいえない。したがって、これは有漏業である。十善業道や世間的な八正道などがこれに属する。

このなか、八正道は、最初の頃には出家者のためのものとも在家者のためのものとも限定されていなかった。しかし、後になると、註釈家が、出家者の実行するものと在家者の実行するものとを区別するようになった。(8)

このなかで、前者の世間的正見については、『大四十経』につぎのように説かれる。

汚れあり、福分あり、果報をもたらす〈正しい見解（世間的正見、筆者補）〉とは何であるか？

施しあり、祭祀あり、献供あり、諸の善行悪行の報いがあり、この世があり、

あの世があり、母もあり、父もあり、諸の生まれかわる生きものもあり、世の中

---

(8) 中村元『原始仏教の生活倫理』・〔八正道は〕最初は「正しい生きかた」の八つの側面という程度に考えられ、出家者のためのものとも在家者のためのものとも限定されていなかったのが、後になって註釈家が思いつくままに自分の見解にしたがって種々の観念をもち込んだ。(三〇―三一頁)…中略…

註釈家の中にも、雑然とした説明に対して実践的視点から整理を行おうとする人々が現われた。かれらは、世俗人の実行する八正道と出家修行僧の実行する八正道とを区別して考えようとした。その試みは、パーリ文『大四十経』とその相当漢訳経典[11]に現われている。

諸の修行僧らよ。正しい見解とは何であるか？

正しい見解をも、われは二種ありと説く。汚れあり、福分あり、果報をもたらす正しい見解(世間的正見、筆者補)がある。また聖にして汚れ無く出世間にして道の部分たる〈正しい見解(出世間的正見、筆者補)〉がある。[12] (三三頁)

⑪ 中部経典一一七『大四十経』(南伝大蔵経第十一巻下、中部四・七二頁以下)。*MN*. No.117 Mahācattārisaka-sutta. III, pp. 71-78. この相当漢訳経典は、雑阿含経第二十八巻、第七八五経(大正二・二〇三上―二〇四上)である。

⑫ 中部経典一一七『大四十経』南伝大蔵経第十一巻下、中部四・七三頁。

に修行者やバラモンたちがいて正しく行い正しく実践し、この世とかの世とを、みずから通達し体験して教えを宣べている。これが、汚れあり、福分あり、果報をもたらす〈正しい見解（世間的正見、筆者補）〉である。（中村訳[9]）

これによると、それは、当時の道徳否定論者プーラナや唯物論者アジタなどの宗教否定論が邪見解であり、諸の宗教を信ずる一般の人々の見解が正見である。[10]

なお、後者の出世間的正見については、続いて『大四十経』に次のように説かれる。

では、聖にして汚れなく出世間にして道の部分たる〈正しい見解（出世間的正見、筆者補）〉とは何であるか？

聖心あり汚れ無き心あり、すぐれた道を身にそなえ、聖道を修している人にあらわれる知慧、知慧の可能力、知慧の力、法をよく考察するさとりの徳性であり、道において部分となっている正しい見解――これが聖にして汚れ無く出世間にして、道の部分である〈正しい見解（出世間的正見、筆者補）〉である。（中村訳[11]）

これによると、出世間的正見は、出家した修行僧のものであるらしい。相当漢訳文では、四諦の思想を出家修行者のためのものであると見なしている。(12)

(9) 中村元『原始仏教の生活倫理』三四頁。中部経典一一七『大四十経』南伝大蔵経第十一巻下、中部四・七四頁。

(10) 中村元『原始仏教の生活倫理』・右(所掲)のパーリ文を見ると、当時の道徳否定論者プーラナや唯物論者アジタなどの宗教否定論が〈邪まな見解〉なのであり、諸の宗教を信ずる一般の人々の見解が〈正しい見解(世間的正見)〉なのである。この場合どの宗教でも良いのであり、特殊な成立宗教としての仏教の見解は表明されていない(三五頁)。

(11) 中村元『原始仏教の生活倫理』三四頁。中部経典一一七『大四十経』南伝大蔵経第十一巻下、中部四・七四頁。

(12) 中村元『原始仏教の生活倫理』・これに対して、出世間の〈正しい見解〉は出家した修行僧のものであるらしい。殊に漢訳文で、(13)〈四つの真理〉の思想を出家修行者のためのものであると見なしていたことは、仏教実践思想を理解する上で非常に重要である。(三六頁)

⑬ これには、相当漢訳経典の雑阿含経第二十八巻、第七八五経(大正二・二〇三上26—中2)が引かれる(三五頁)。

また、貧困者や比丘・寺院などに食物や財物の布施をし、不殺生・不偸盗・不邪淫・不妄語などの戒を遵守するならば死後、天に生まれる、という施論・戒論・生天論で示される業も有漏業である。こういう因果応報説は、なにも仏教独自のものではなく、輪廻思想に基盤をおくインド思想一般にも見いだされる。そういう意味では、これは当時のインド人の一般的な考えを継承したにすぎない。

また、つぎの『法句経』に説かれる善・悪も、同様に有漏の善業・悪業である。

　悪をなしたものは、此世で憂え、死後にも憂え、二世にわたって憂える。かれらは自らの行為の汚れているのを見て、かれは憂え、悩む。（十五）

　福徳をなした者は此世で喜び、死後にも喜び、二世にわたって喜ぶ。かれらは自らの行為の清らかなのを見て、かれは喜び、喜悦する。（十六）[13]

と説かれ、善因楽果・悪因苦果の道理が示される。また、続いて、『法句経』十七・十八にも同じように、悪をなしたものは悪趣に生まれ、善をなしたものは善趣に生まれる、と説かれる。これらの業も有漏業である。

第三項　無漏業

無漏業は、絶対的な善であり、前掲（九五頁）の『法句経』一二六の第四句「煩悩を滅した者」の業であり、「七仏通戒偈」の第三句「自浄其意」の者の業であり、それは、初期仏教では多く梵行と称される。(14) 彼ら「自浄其意者」は煩悩を滅し、自己の心を浄化しているから、完全な無償の善を修することができる。その善業は、世間的な善悪を超越した出世間的善業であり、それらの行為に執われない業であり、行為の報いを求めない業である。つぎの諸文に説かれる業が、そうである。

『法句経』・心に〔煩悩の〕漏泄がなく、心が混乱することなく、福徳と悪と

(13) 中村元訳『法句経』十五・十六、一二頁。
(14) 舟橋一哉「仏教における業論展開の一側面」五七頁。『法句経』二六七、註(16)参照。

を断尽して、覚悟している者には恐怖がない。（三十九）[15]

このなかの「福徳と悪とを断尽したもの」の業が、無漏業である。

『法句経』・　この世における福徳と悪とを捨てて、梵行を修し、熟慮して世に対処する者、かれこそは比丘である、といわれる。（二六七）[16]

このなかの「福徳と悪とを捨てたもの」の業が、そうである。

『法句経』・　この世における福徳と悪との両者に対する執著を超越し、憂いなく、汚れなく、清浄な人、かれをわたくしはバラモンと呼ぶ。（四一二）[17]

と説かれるなかの「福徳と悪との両者に対する執著を超越したもの」などの業は、煩悩を滅した聖者の業であり、善悪の有漏業を超越した業であり、無漏業である。具体的にいえば、出世間的な八正道などもそうである。[18]

アビダルマ仏教の説一切有部でも、見道において無漏が生じ、有学・無学の業は無漏業である、と説かれ、唯識においても、通達位の初地の位で無漏の正知を発得するから、それによる業は無漏業になる、と説かれる。

第四項　インド仏教に説かれる有漏業・無漏業

つぎに、インド仏教に説かれる有漏業・無漏業についてみてみよう。これについては水野弘元氏の論考があるので、[19]以下、それによって、それを引用し、あるいは纏め

(15) 中村元訳『法句経』三十九、一五頁。
(16) 中村元訳『法句経』二六七、四七頁。
(17) 中村元訳『法句経』四一二、六八頁。
(18) 前（註(12)）掲の中村元『原始仏教の生活倫理』（春秋社、一九七二年）、参照。
聖心あり汚れ無き心あり、すぐれた道を身にそなえ、聖道を修している人にあらわれる知慧、知慧の可能力、知慧の力、法をよく考察するさとりの徳性であり、道において部分となっている正しい見解――これが聖にして汚れ無く出世間にして、道の部分である〈正しい見解〉である。（中村『原始仏教の生活倫理』、三四頁。中部経典一一七『大四十経』南伝大蔵経第十一巻下、中部四・七四頁）。
(19) 水野弘元「業に関する若干の考察」一九七頁以下。

ながら論を進めていく。

阿含経以来、有漏業・無漏業はつぎの四種業として説かれる。

一・黒黒異熟業（黒業であり黒の異熟果を引く業）。

これは地獄などの悪趣に生じることを招く不善業である。

二・白白異熟業（白業であり白の異熟果を引く業）。

これは色界・天などに生じることを招く善業である。

三・黒白黒白異熟業（黒白業であり、黒白の異熟果を引く業）。

これは欲界善趣としての人間・天上に生じる業であり、善・不善の諸業が混在し、可意あるいは不可意の異熟果を招く業である。

四・a・非黒非白無異熟業能尽諸業（非黒非白の業であり、異熟果を引かない業）

b・非黒非白非黒非白異熟業能尽諸業（非黒非白の業であり、非黒非白の異熟果を引く業）

黒黒異熟業・白白異熟業・黒白黒白異熟業の前三種の業は三界の世間に属する有漏業であり、非黒非白無異熟業能尽諸業と非黒非白非黒非白異熟業能尽諸業との第四の業が出世間の無漏業である。この第四の業のなかで、aの無漏業は、異熟果を引かない業であり、説一切有部系統のものに説かれる。それは、中阿含一一一の『達梵行経』や『集異門足論』『婆沙論』『雑阿毘曇心論』『倶舎論』『成実論』『瑜伽論』などに説かれる。[20] また、bの無漏業は、無漏の異熟果を引く業であり、パーリ仏教（南方上座部）と法蔵部およびその影響を受けた大乗仏教などのものである。それは、長部

(20) 以下の諸経典は、水野弘元、前註の所掲書二〇一頁註(1)の指摘による。中阿含経巻二十七、一一一『達梵行経』（大正一・六〇〇上27以下）・『集異門足論』巻八（大正二六・三九八中20以下）・『婆沙論』巻一一四（大正二七・五九一中11以下）・『雑阿毘曇心論』巻三（大正二八・八九六中）・『倶舎論』「業品」第六十頌長行（大正二九・八三中8以下）・『成実論』巻八（大正三二・二九九中23以下）・『瑜伽論』巻九（大正三〇・三一九中12）、巻九十（大正三〇・八〇七下9―10）。

三三の『等誦経』や中部五七の『狗行者経』や『大般涅槃経』などに説かれる。[21]

パーリ仏教によれば、無漏業は須陀洹道・斯陀含道・阿那含道・阿羅漢道の四道（四向）の無漏の善思であって、その報果として須陀洹果ないし阿羅漢果という四果の無漏の異熟果がえられるとし、出世間の無漏に異熟果を認める。また『大般若経』巻三八二では、非黒非白の異熟として、預流果・一来果・不還果・阿羅漢果から、さらに独覚菩提・無上正等菩提までを、その報果として掲げる。[22] 以上は水野論文の取意である。[19]

このことから、有漏業・無漏業に対するほぼ共通した右のような考えが仏教全般を貫いていたことがわかる。前述したように、因果応報説のうえに立った業説は、輪廻思想を説くインド古来のものであり、なにも仏教固有の説であるとはいえない。したがって、輪廻を出離する無漏業をたて、輪廻と関わりのない業、すなわち無漏業を考察するところに仏教の業説の特色が窺われる。[23]

第五項　むすび

以上のように、初期仏教などでは、有漏業と無漏業とに分類して、修行によって煩悩を断尽すれば、無漏業を行じることは可能になる、と説かれる。これは部派仏教な

---

(21) 以下の諸経典は、水野弘元、前の註(19)の所掲書二〇一頁註(2)の指摘による。
長部三三『等誦経』saṅgīti-suttanta (1) (*DN*. III, p. 230)・中部五七『狗行者経』(kukkuravatika-suttannta. *MN*. 1, p. 390f.)・増支部四、二三一—二三六（*AN*. II. p. 230 ff.)・『舎利弗阿毘曇論』巻七（大正二八・五八二中1以下)・『大般若経』巻三八二（大正六・九七九下以下)・北本『大般涅槃経』巻三十七（大正一二・五八五中14以下)・南本『大般涅槃経』巻三十四（大正一二・八三三上14以下)・『漏分布経』（大正一・八五三中4—5)。

(22) 水野弘元、前掲書一九八頁。その二〇一頁註(3)につぎの経典が引かれる。
『大般若経』巻三八二・　非黒非白法は非黒非白異熟、所謂、預流果、或いは一来果、或いは阿羅漢果、或いは独覚菩提、或いは復た無上正等菩提を感ず。

（大正六・九七九下28—九八〇上2）

(23) 舟橋一哉「有漏業と無漏業——親鸞の罪福信に関連して——」（『大谷学報』第四十七巻第四号）六頁。

どの仏教一般に通じていえることである。修行することによって無漏智を生じさせ、徐々に自らの行為を浄化し、無漏業を積み重ね、悟りに至る、というのが、聖道門といわれる部派仏教などの一般仏教の基本的立場であるからである。

『教行信証』などに説かれる次の諸善には、聖道門の立場からみれば、無漏業というるものもある。「行巻」一乗海釈に、

海と言ふは、久遠よりこのかた凡聖所修の雑修雑善の川水を転じ(24)…中略…願海は二乗雑善の中下の屍骸を宿さず。何に況んや人天の虚仮邪偽の善業、雑毒雑心の屍骸を宿さむや。(25)

と説かれるなかの「雑修雑善」「二乗雑善」がそうである。また、「化巻」真門釈の、

万行諸善の仮門を出でて、永く双樹林下の往生を離る。(26)

というなかの「万行諸善」もそうである。そして、『唯信鈔文意』に

「随縁雑善恐難生」といふは、「随縁」は衆生のおのおのの縁にしたがひても

ろもろの善を修するを極楽に廻向するなり、すなはち八万四千の法門なり。これはみな自力の善根なるがゆへに、実報土にはむ（生）まれずときら（嫌）はるるゆへに「恐難生」といへり。[27]

と説かれるなかの「雑善」「もろもろの善」「自力の善根」などには、聖道門の立場からみれば、無漏業であるものが含まれる。

第三節　真宗における業説

第一項　有漏業についての考え方

真宗と聖道門などの一般仏教との業に対する考え方の最大の相違は、衆生が自らの

(24)『教行信証』「行巻」真聖全二・三九9。
(25)『教行信証』「行巻」真聖全二・三九12—13。
(26)『教行信証』「化巻」真聖全二・一六六2。
(27)『唯信鈔文意』真聖全二・六三一10—13。

意志によって行じる無漏業を認めるか否かという点にある。聖道門の一般仏教では、修行を積み重ねることによって無漏業を修することが可能になる。

一方、真宗では、衆生の自主的になす業はすべて有漏業であり、仏から回施された業にしか無漏業を認めない。それは、衆生が煩悩から逃れられない「無有出離之縁」であり、そういう衆生の業はすべて煩悩の所為であり、執著にとらわれた業であるからである。つぎの「信巻」の文に説かれる衆生の在り方は、このことを表す。

一切の群生海、無始よりこのかた乃至、今日、今時に至るまで、穢悪汚染にして、清浄の心無し。虚仮諂偽にして真実の心無し。(28)

無始よりこのかた一切群生海、無明海に流転し、諸有輪に沈迷し、衆苦輪に繋縛せられて、清浄の信楽無し、法爾として真実の信楽無し。(29)

このような、衆生の意志によって行じられる無漏業を認めない考え方は、インドにおける初期仏教から大乗仏教の実践道・修行道の流れのなかには見あたらないであろう。これは、『安楽集』(30)などで強調される末法思想と結びついた機の劣化という点からでたものであろう。そこで、冒頭で提起した「親鸞聖人の説き方は、無漏業に重点がおかれ、それの説明のほうが有漏業の説明よりも詳しくされる」理由について、つぎに考えてみよう。

真宗の立場からすると、有漏業の積善はいくら行じても出離の縁にならないから、有漏業についてはあまり説かれなかった。むしろ本願のはたらきである無漏業を詳説することによって、凡夫の救われる道を提示しようとされた。したがって、有漏業よりも無漏業の説明に重点がおかれている。そうすると、『歎異抄』第十三章に比較的、詳しく説かれる「善悪の宿業」などの有漏業はどのように解するのか、という疑問が

(28)『教行信証』「信巻」真聖全二・五九14―六〇1。
(29)『教行信証』「信巻」真聖全二・六二3―4。
(30)『安楽集』巻上、真聖全一・三七八。

生じてくる。

この第十三章には、悪業から悪果、善業から善果が生じる、という同類因等流果が説かれる。これは専修賢善者を誡めるためである。すなわち、「少少の善根を積んだからとて、所詮、それは、相対的な善である宿業によるから、相対的な善の域をでない。だから賢善者ぶることはやめなさい」という彼らのふるまいを教戒するためである。有漏心による積善がどんなに多くても、それによって無漏の悟り（信心）をうることはできない。すなわち、現在なす善業は宿業にもとづくから、宿業が有漏であるならば、それによってもたらされる果もまた有漏である。したがって、それが悟り（信心獲得）への手だてにはならない。同類因等流果を説く意図はこのことを自覚させることにある。しかし、この因果を説くこと、換言すれば、宿業を云々することに主眼があるのではない。現在なしている善業が虚仮不実であることを自覚させるために、その因である宿業を問題にする。この点こそが肝要である。宿業に重きをおくのではない。現在のおのれが相対的善悪から離れられない存在であることを示すことに、重点がある。そして、凡夫がその相対的善悪から逃れられない、その根拠として宿業云々が説かれている。[31]

第二項　有漏業の範疇に属する倫理道徳

有漏業によって示される真宗の倫理道徳の面はいかに考えるべきであろうか。つぎに、このことについてみよう。

前掲（九五頁）の『法句経』一二六を例にして、真野竜海氏は初期仏教の善悪についてつぎのように結論づける。

悪 ――――→ 地獄

(31)　加藤宏道「『歎異抄』所説の業論」（『宗学院論集』第五十号、一九七九年）、参照。

廃悪(1)

修善　世間的善(2)　⟶　生天(3)

　　　出世間的善(4)　↓　無為涅槃(5)

仏教修行道とすれば、在家道は(1)(2)(3)、出家道は(1)(2)(3)(4)(5)となる。

…中略…

善はたんなる価値観でなく実践であり、たんに善・悪の対立の中での善に止まるものではなく、それを超えるものへと昇華するのである。しかし、その前段階として、善根としての善の位置は極めて重要である。(32)

このことは真宗においても、同じようにあてはまるであろう。無漏業のみしか往生の因にならないとしても、その前段階としての善根の位置、すなわち、有漏業の意味は極めて大切である。われわれは、多くの人びととの交わりのなかで日常生活を営む社会的存在である以上、人倫の道を守ることは心がけねばならない。それは、前述した十善業道や世間的な八正道などの善の有漏業を実践することにほかならない。唯、それが初期仏教などと異なるのは、天などの善趣に生まれるための行為でもないし、転迷開悟を求めての行為でもない、という点にある。敢えてそれを意味づけるならば、御恩報謝という観点から行じられるべきことである、といえるかもしれない。大原性実『真宗学概論』には、この点について、現生十種益を説明するなかで、つぎのように説かれる。

第八知恩報徳益とは、正定聚の行者は自力無功を知り、第十八願の絶対他力に乗託した機である。自力無功は全自我の否定である。而してその否定こそ、仏力肯定他力乗託に外ならぬ、この心境に浮び出るものは、仏の恩徳を感佩し、それを感謝する心であり声である。即ち報恩の称名となるのである。而して仏恩を知

(32)　真野竜海「初期仏教の倫理思想――善の位置について――」(壬生台舜編『仏教の倫理思想とその展開』大蔵出版、一九七五年、所収）六〇頁～六一頁。

る人は社会恩を知る人である。現今の社会は「享楽か闘争か」のフレーズによって表現せられるようであるが、御恩を感じ合う人々の社会は、真に平和と自由の場となるであろう。そこに宗教的実践と社会的実践が不離一体に行なわれる契機がある。

第九常行大悲益とは、常に大悲を行ずるとあって、信獲得の上からは常に利他行を行ぜしめられることをいうのである。仏心を領納し、仏徳を身にも心にもつけることとなれば、自らそれが外に流動して、仏化を助成する結果となるのである(33)。

たとえ、往生浄土の直接の因にならないとしても、人間として踏むべき道を踏襲しなければならないことは、社会的な存在である人間として当然のことがらである。

第四節　まとめ

以上、初期仏教と真宗との業観についてみてきた。因果応報説を信じ、善根を修さねばならない、という仏教の基本的な因果観・業観が初期仏教に説かれる。真宗についてもこのことはあてはまる、因果の道理を撥無し、悪がし放題であると説かれることは、決してありえない。それは、道元が仏教徒たるの主要条件として因果を肯定する深信因果を説くことと同じ趣《おもむき》である。(34) ここに、真宗念仏者の倫理ということが鮮明にされている。

しかし、他方、初期仏教では、善悪の超越が説かれる。これは、真宗に説かれる、

(33)　大原性実『真宗学概論』一八四頁。
(34)　増永霊鳳「業思想とその意義」(『日本仏教学会年報』第二十五号) 三五三頁・三五六頁、参照。

自力の善根の否定ということと一脈、通じるものがある。すなわち、前述の因果応報説に立つ因果を超える立場である。それは、道元が、因果に落ちない、すなわち、因果を超越する不落因果を説くことと同じ趣《おもむき》である。(34) そして、初期仏教では、因果の道理を信じることと善悪を超越することとの両者は、聖者の上に矛盾なく実現される。

真宗においても同様である。必ず本願の世界に摂取されると信受した時、因果応報の自業自得という因果の支配する娑婆世界にいながら、その因果を超越した世界が開けてくる。しかし、その娑婆世界から離脱したわけではない。依然として、虚仮不実・罪悪深重であることに変わりはない。これは自業自得の因果に縛られながら、この因果を超越している世界である。そういう束縛が束縛としてわが身を責め苛むことのない境地である。自業自得の因果の道理を認めつつ、すなわち、人間としての人倫の道を踏みつつ、かつ、この娑婆世界を超越している。

したがって、人倫の修すべき道としての倫理道徳については、初期仏教などで説かれたものを真宗の念仏者も実践すべきであることが首肯される。しかし、それが初期仏教では転迷開悟のための業であるのに対して、真宗では報恩行として位置づけられるという点で、初期仏教と真宗とでは異なる。

また、両者の大きな相違としては、成仏あるいは往生の因になる無漏業について、初期仏教では衆生の意志でそれを修することが可能であると説くのに対して、真宗ではそれを認めないことである。

このように、真宗の業観はある点で一般仏教と共通する面をもっているが、異なる点もある。その異なる点に、仏教の流れのなかで占める真宗の特色が窺われる。

第四章　真宗の善悪観と仏教の善悪観

第一節　はじめに

親鸞聖人の用いられる「善悪」の語は、大別して二つの観点から説かれる。一は、宗教的観点から説かれる絶対的善悪である。その代表は、『歎異抄』第十三章に、

善人なをもて往生をとぐ、いはんや悪人をや。(1)

と説かれる善悪である。他の一は、倫理道徳的観点から説かれる相対的善悪である。それは、『末灯鈔』第十六通に、

不可思議の放逸無慚のものどものなかに、悪はおもふさまにふるまふべし、とおほせられさふらふなるこそ、かへすがへすあるべくもさふらはず。(2)

と、説かれる等である。(3)

前者、宗教的観点からの善悪については、仏やそれに類する世界に属するものが善であり、それ以外のものは善といえない。しかし、後者の倫理道徳的観点に立てば、

衆生の行為でも善といいうるものはある。

今、この「善悪」について、初期仏教・アビダルマ仏教・瑜伽行派・大乗仏教の所説を考察し、それらと真宗との善悪観の同異を論じてみたい。なお、仏教一般の善悪の定義などについては、福原亮厳『仏教概論』に詳しく論じられているので、(4)それを依用・参照しながら考察する。

(1)『歎異抄』第三章、真聖全二・七七五4。
(2)『末灯鈔』第十六通、真聖全二・六八二1―2。
(3)大原性実『真宗学概論』二六二頁―二六四頁、参照。
(4)福原亮厳『仏教概論』八五一頁―八五七頁、八八六頁―八九五頁に詳説されている。

第二節　仏教における善悪観

第一項　初期仏教における善悪観

初期仏教における善悪には、世間的立場に立脚するものと出世間的立場に立脚するものとがある。これについては、藤田宏達氏によって的確にまとめられた論考があるので、それによってみてみよう(5)。

世間的立場の善悪は、倫理道徳的立場とも言いかえることができ、世俗的な善行を実践し、悪行を遠ざける、いわゆる廃悪修善的に説かれる善悪である。これは、その根拠を善因楽果・悪因苦果という因果応報説におき、善行を実践すれば善あるいは楽の果を招き、悪行をなせば悪あるいは苦の果を招くから、善事をなし、悪事を避けねばならない、ということである。施論・戒論・生天論は、まさしくこれである。しかし、このような善悪観はなにも仏教独自のものではなく、インド思想一般にもみいだされる。そういう意味では、これは当時のインド人の一般的考えを継承したに過ぎない。この場合、代表的な原語としては、善がパーリ語 puñña, 梵語 puṇya であり、悪がパーリ語 pāpa, 梵語 pāpa であり、前者の puñña はよく福徳と訳される。

一方、出世間的立場の善悪は、宗教的立場の善悪とも言いかえることができ、解脱を求めるという勝義的観点から論じられる。これによれば、前者の世間的善悪を超えたところにあらわれるものが善であり、それ以外のものはすべて悪である。この場合、原語は善がパーリ語 kusala, 梵語 kuśala であり、悪がパーリ語 akusala, 梵語 akuśala である。

なお、kuśala, akuśala は世間的・出世間的な両方の立場で用いられることもあり、出世間的なもののみに限定されないが、puṇya, pāpa は世間的な善悪のみに限って使

(5) 藤田宏達「原始仏教における善悪の問題」(『印度学仏教研究』第二十二巻第二号)。

用される。(6)

世間的立場で実践される善は、その報いを求めての行為であるから、好ましい果報を得ることに執著する。しかし、出家者にとっては、その執著は障りになるから、出家者はそういう執著から離れなければならない、したがって、出家者は世間的善悪を超えることが要請される。これが出世間的立場からの所論である。

『法句経』四一二に、

この世の禍（pāpa）・福（puñña）いずれにも執著することなく、憂いなく、汚れなく、清らかな人、——かれをわれは〈バラモン〉と呼ぶ。（中村訳）(7)

と説かれ、『ウダーナ・ヴァルガ』第三十三章二十九に、

福徳をも禍いをも超え、両方の執著をも超え、執著を超越してとらわれることの無い人、——かれをわれは〈バラモン〉と呼ぶ。（中村訳）(7)

と説かれることは、このことを示す。これは、執著のある心で実践する、世間的立場

から考えられた有漏善を捨離し、執著を超えた、出世間的立場から考えられた無漏善の実践である。

第二項　アビダルマ仏教における善悪観

アビダルマ仏教では善悪の定義について多くの説が説かれる。

『婆沙論』には善悪について次のように説かれる。善には、巧便（巧方便）によって持される善と、よく可愛の果を招く善と、自性が安穏である善、という三種がある。これらのなかで、巧便所持善は道諦であり、能招愛果善は苦諦・集諦のなかの有漏善

（6）藤田宏達、前掲書、五三七頁。
（7）中村元訳『法句経』四一二、六八頁。また、この偈は『スッタニパータ』六三六にも説かれる（中村元訳『スッタニパータ』六三六、一三九頁）。『ウダーナ・ヴァルガ』第三十三章二十九（中村元訳『法句経』二九八頁に所収）。

であり、自性安穏善は滅諦である。(8) したがって、道諦が有為法の無漏であり滅諦が無為法の無漏であるから、巧便所持善と自性安穏善とは無漏善であり、可愛の果を招く能招愛果善は有漏善である。他方、不善は非巧便の所持であり、不可愛の果を招き、自性が不安穏である。(9)

有漏善・無漏善を『光記』は分類して、有漏善には生得善と、加行によって得られる聞所成慧・思所成慧・修所成慧の加行善とがあり、無漏善には有学・無学の善と勝義善とがある、とする。(10) このなかの、前六善は有為法であり、最後の勝義善は無為法

---

(8)『婆沙論』巻五十一・〈正説〉若し法が、巧便の所持⑪にして、能く〔可〕愛の果を招き、〔自〕性⑫の安隠（穏）なれば、故《ため》に〔此れを〕善と名づく。〔此の中〕「巧便の所持⑪」とは、道諦を顕す。「能く〔可〕愛の果を招く」とは、苦〔諦〕・集諦の少分、即ち有漏善を顕す。「〔自〕性⑫の安隠（穏）」とは、滅諦を顕す。（大正二七・二六三上6―9）

⑪「所持」＝「摂」巻一四四。　⑫「性」＝「自性」巻一四四。

『婆沙論』巻一四四にもこれと略同意のことが説かれる（大正二七・七四〇下24―27）。

上掲文は、福原亮厳『仏教概論』に引かれている（八五二頁・八八七頁）。

（9）『婆沙論』巻五十一・　若し法が、非巧便の所持⑪にして、能く不〔可〕愛の果を招き、〔自〕性の不安隠（穏）なれば、故《ため》に〔此れを〕不善と名づく。此れは総じて、苦〔諦〕・集諦の少分、即ち諸々の悪法を顕す。　⑪「所持」＝「摂」巻一四四。
若し法が彼〔の善悪〕の二種と相違すれば、故《ため》に〔此れを〕無記と名づく。

（大正二七・二六三上9―12）


『婆沙論』巻一四四にも、これと略、同意のことが説かれる（大正二七・七四〇下27―29）。

（10）『光記』巻二・　三性と言ふは、一に善、二に不善、三に無記なり。
善に略して三有り、一に生得〔善〕なり。二に加行〔得の善〕なり、謂はく、聞・思・修〔所成の慧〕なり。三に無漏〔善〕なり、謂はく、学・無学・勝義〔の善〕なり。無漏〔善〕に就いて、中の前二は有為〔法〕の無漏にして、後の一は無為〔法〕の無漏なり。

〔此れを項目に就きて説かば〕善に総じて七有り。〔謂はく、〕一に生得〔善〕、二に聞〔所成の慧〕、三に思〔所成の慧〕、四に修〔所成の慧〕、五に学、六に無学、七に勝義〔の善〕なり。

不善は唯だ一のみなり。無記に二有り。〔謂はく〕一に有覆〔無記〕、二に無覆〔無記〕なり。（大正四一・三五下20―25）

である。そして、有漏善は世間的善、無漏善は出世間的善に相当する。

『婆沙論』にはこれにひき続いて、善悪の定義について十余の説が掲げられる。[11]そのなかには、前述の世間的立場に立脚し、因果応報説に根拠をおく相対的な善悪の定義も説かれる。また、このなかの自性・相応・等起・勝義のゆえに善と名づけるという所説には、[12]相対的善悪と絶対的善悪とが説かれるので、それをみてみよう。

自性善は、それ自体が善である慚・愧の心所や三善根であり、良薬のごときである。[13]相応善は、自性善の法と相応する心心所法であり、薬の混入する水のごときである。[14]等起善は、自性善や相応善によって等起した身業・語業や不相応行法であり、薬の混

(11)『婆沙論』巻五十一、大正二七・二六三上12以下、同、巻一四四、大正二七・七四〇下29以下。
(12)『婆沙論』巻五十一・霧尊者の言はく。四事に由るが故に善と名づく。〔謂はく、〕一に

自性の故に、二に相応の故に、三に等起の故に、四に勝義の故になり、と。（大正二七・二六三上21―23）

『婆沙論』巻一四四にも、「脇尊者説」として、四種の善について、つぎの註(13)―(16)に掲げる所説を含めて、これらと略、同意のことが説かれる（大正二七・七四一上9―14）。

(13)『婆沙論』巻五十一・〔此の中〕「自性の故に〔善〕なり」とは、謂はく、自性善なり。有る〔者〕は、是れ〔自性善は〕慚・愧なり、と説く。有る〔者〕は、是れ〔自性善は〕三善根なり、と説く。（大正二七・二六三上23―24）

『倶舎論』「業品」・「自性善」とは、謂はく、慚・愧・〔三善〕根なり。有為〔法〕の中にて、唯だ慚と愧と及び無貪等の三種善根とのみは、〔余法と〕相応することと及び余〔法〕に等起せらるることとを待たずして体性が是れ善なり、といふことを以って〔の故〕なり。猶し良薬の如きなり。（第八頌長行、大正二九・七一上23―25）

(14)『婆沙論』巻五十一・「相応の故に〔善〕なり」とは、謂はく、相応善なり。即ち、彼〔の善法〕と相応する心心所法なり。（大正二七・二六三上24―25）

『倶舎論』「業品」・「相応善」とは、謂はく、彼〔の善法〕と相応する〔心心所〕なり。心心所は要《かな》らず、慚・愧・〔三〕善根と相応して方に善性を成ずるに若し彼の慚等と相応せざれば善性が成ぜず、といふことを以って〔の故〕なり。〔猶し〕薬を雑じふる水の如きなり。（第九頌長行、大正二九・七一上25―28）

入する水を飲んだ牛から搾った乳のごときである。(15)勝義善は、涅槃であり、無病の状態のごときである。(16)

これらのなかで、自性善・相応善・等起善には世間的善と出世間的善とがあるが、勝義善は出世間的善のみである。

他方、不善も同様にして、自性不善・相応不善・等起不善・勝義不善の四種になる。(17)このなか、自性不善は、それ自体が不善である無慚・無愧の心所や三不善根であり、相応不善は、不善法と相応する心心所であり、毒の混入する水の毒のごときである。(18)

(15)『婆沙論』巻五十一・「等起の故に〔善〕なり」とは、謂はく、等起善なり。即ち彼〔の善法〕の起こす所の身・語の二業と不相応行となり。（大正二七・二六三上25―26）

『倶舎論』「業品」・「等起善」とは、謂はく、身〔業〕・語業・不相応行なり。是れは自性〔善〕と及び相応善とに等起せらる、といふことを以っての故に〔善〕なり。〔猶し〕良薬の〔雑じる〕汁〔を飲める牛〕より引生せらるる乳の如きなり。

（第九頌長行、大正二九・七一上28―中1）

(16)『婆沙論』巻五十一・「勝義の故に〔善〕なり」とは、謂はく、勝義善なり。即ち、是

れ涅槃なり。〔涅槃は〕安隠（穏）なるが故に善と名づく。（大正二七・二六三上26—27）
『倶舎論』「業品」・「勝義善」とは、謂はく、真の解脱なり。涅槃の中は最極の安隠（穏）にして衆苦の永く寂す、といふことを以って〔の故に善〕なり。猶し無病の如きなり。（第八頌長行、大正二九・七一上22—23）

(17)『婆沙論』巻五十一・四事に由るが故に不善と名づく。一に自性の故に、二に相応の故に、三に等起の故に、四に勝義の故になり。（大正二七・二六三中2—4）。
『婆沙論』巻一四四にも、四種の不善について、つぎの註(18)—(21)に掲げる所説を含めて、善根と相翻する形で、ほぼ同じようなことが説かれる（大正二七・七四一上17—23）。

(18)『婆沙論』巻五十一・「自性の故に〔不善〕なり」とは、謂はく、自性不善なり。
有る〔者〕は、是れ〔自性不善は〕無慚・無愧なり〔此れは一向に不善にして不善心に遍ずるを以っての故なり⑪〕、と説く。

有る〔者〕は、是れ〔自性不善は〕三不善根なり〔此れは五義⑫を具するを以っての故なり⑪〕、と説く。（大正二七・二六三中4—5）

⑪ この括弧〔 〕内に補った所説は、『婆沙論』巻一四四に説かれる（大正二七・七四一上18—20）。

⑫『婆沙論』巻四十七・復た次に、此の〔貪・瞋・痴の〕三法は五義を具するを以っての故に不善根と立つるも、余法は爾らず。謂はく、此の三法は(一)五部に通じ、(二)六識に遍じ、(三)是れ随眠の性にして、(四)能く麁悪の身〔業〕・語業を〔引〕発し、(五)善根を

ごときである。[19] 等起不善は、自性不善・相応不善によって等起した身業・語業や不相応行法であり、毒の混入する水を飲んだ牛から搾った乳のごときである。[20] 勝義不善は生死の法である。生死の法は苦を自性とし極めて不安穏であるからである。それは病気の状態のごときである。[21]

第三項　瑜伽行派における善悪観

瑜伽行派の論書では、『阿毘達磨雑集論』に、自性善・相属善・随逐善・発起善・

断ずる時に強き加行と為る〔、といふ五義〕をもって〔の故〕なり。（大正二七・二四二上11―14）

＊以下に続いて五義のおのおのが説明される。

『倶舎論』「業品」・「自性不善」とは、謂はく、無慚・〔無〕愧・三不善根なり。有漏の中にて唯だ無慚・〔無〕愧と及び貪瞋等の三不善根とのみは、〔余法と〕相応することと及び余〔法〕に等起せらるることとを待たずして体〔性〕が是れ不善なり、といふことに由りてなり。猶し毒薬の如きなり。（第九頌長行、大正二九・七一中5―7）

(19) 『婆沙論』巻五十一・「相応の故に〔不善〕なり」とは、謂はく、相応不善なり。即ち、彼〔の不善法〕と相応する心心所法なり。(大正二七・二六三中5—6)

『倶舎論』「業品」・「相応不善」とは、謂はく、彼〔の不善法〕と相応する〔心心所法〕なり。心心所法は要らず、無慚・〔無〕愧・〔三〕不善根と相応して方に不善性を成ずるに〔此れに〕異なれば則ち然らず(不善性を成ぜず)、といふことに由りてなり。〔猶し〕毒を雑じふる水の如きなり。(第九頌長行、大正二九・七一中8—10)

(20) 『婆沙論』巻五十一・「等起の故に〔不善〕なり」とは、謂はく、等起不善なり。即ち、彼〔の不善法〕の起こす所の身・語の二業と不相応行となり。(大正二七・二六三中6—7)

『倶舎論』「業品」・「等起不善」とは、謂はく、身〔業〕・語業・不相応行なり。是れは自性〔不善〕・相応不善に等起せらる、といふことを以っての故なり。〔猶し〕毒薬の〔雑じる〕汁〔を飲める牛〕より引生せらるる乳の如きなり。(第九頌長行、大正二九・七一中10—12)

(21) 『婆沙論』巻五十一・「勝義の故に〔不善〕なり」とは、謂はく、勝義不善なり。即ち、是れ②生死〔の法〕なり。〔生死の法は〕不安隠(穏)なるが故に不善と名づく(大正二七・二六三中7—8)

② 「是」㊣＝「見」㊄㊊

『倶舎論』「業品」・勝義不善とは、謂はく、生死の法なり。生死の中の諸法は皆な苦を以って自性と為し極めて不安隠(穏)なり、といふことに由りてなり。猶し痼疾の如きなり。(第九頌長行、大正二九・七一中3—5)

第一義善・生得善・方便善・修習浄善・現前供養善・饒益善・引摂善・対治善・寂静善・等流善が説かれる。(22) また、『瑜伽師地論』にはつぎのような善が説かれる。


一種の善………無罪の義によって善と称されるもの。

二種の善………生得善・方便善。

三種の善………自性善・相応善・等起善。

四種の善………順福分善・順解脱分善・順決択分善・無漏善。

五種の善………施性善・戒性善・修性善・愛果善・離繋果善。

六種の善………善の色・受・想・行・識・択滅。

七種の善………念住所摂善・正勤所摂善・神足所摂善・根所摂善・力所摂善・覚支所摂善・道支所摂善。(23)


これに続いて、八種・九種・十種の善が説かれる。(24) 不善法についても、善法と相違し、善法を障礙し、不愛果を招き、事を正しく了知しないものである、と説かれる。(25)

『成唯識論述記』にはつぎのように説かれる。善には世俗善・勝義善の二種がある。このなか、世俗善は、世間・出世間の可愛の果を招き、麁重であり、生滅し、非安穏であるから、有為の善法である。勝義善は、最極の寂静性であり、安穏であるから、無為の善法である。(26)

また、善には、可愛の果を招く有漏の善法と、巧便の性である有為法の善と、安穏の性である無為法の善法との三種がある。(27)

あるいは、善には、自性善・相応善・等起善・勝義善の四種がある。(28)この四種説は

(22)『阿毘達磨雑集論』巻三、大正三一・七〇八下26—七〇九上28。
(23)『瑜伽師地論』巻三、大正三〇・二九二上13—21。
(24)『瑜伽師地論』巻三、大正三〇・二九二上21—中8。
(25)『瑜伽師地論』巻三、大正三〇・二九二中8—10。
(26)『成唯識論述記』巻三末、大正四三・三三四上19—22。
(27)『成唯識論述記』巻三末、大正四三・三三四上27—中1。
(28)『成唯識論述記』巻三末、大正四三・三三四中6—10。

前掲の『婆沙論』の分類と通じるものがある。不善法についても、善法と相違するものの等である、と説かれる。(29)

このように瑜伽系論書では、アビダルマ論書を受け継ぎ、さらに敷衍して、さまざまな善悪の種類が説かれる。

第四項　大乗仏教における善悪観

アビダルマ仏教や瑜伽行派では善悪を種々に分類するが、大乗仏教には、種々に分類される善悪を超越する考えがみられ、大乗経典には、空思想に基づいて、善悪不二・善悪一如が説かれる。これは宗教的視点から論じられた絶対的善悪観である。

『維摩経』「入不二法門品」に、

弗沙菩薩曰く。善と不善とを二と為す、若し、善・不善を起こさず、無相際に入りて而も通達すれば、是れを不二法門に入ると為す、と。(30)

と説かれるのが、そうである。『涅槃経』「如来性品」にも、これと同じことがつぎのように説かれる。

若し無明は諸行に因縁たりと言へば、凡夫の人は〔此れを〕聞き已りて、分別して二法の想を生ず。〔謂はく、〕明と無明と〔の想〕なり。〔然れども〕智者は、其の性が無二にして、無二の性は即ち是れ実性なり、と了達す。(31)

このなかの明・無明は、善・悪に置き換られる。

善悪不二・善悪一如であることから一歩進めて、善と悪との関係をみると、善悪相資という考えがでてくる。田村芳朗氏はこのことをつぎのように説明する。

善と悪と二であって不二であるということから、天台智顗は善悪相資説を打ち

(29)『成唯識論述記』巻三末に、前の註の(26)(27)(28)に説かれる善の定義に続いて、不善についても各々、善法と相翻した形で、ほぼ同じようなことが説かれる。
(30)『維摩経』巻中「入不二法門」大正一四・五五〇下22―23。
(31)『涅槃経』巻八「如来性品」大正一二・四一〇下20―22。

だすにもいたる。すなわち『法華玄義』において、「ただ悪の性相は即ち善の性相なり。悪によって善あり、悪を離れて善なし。」[32]と説きつつ、「悪は是れ善の資なり。悪なければ、また善もなし」と主張するにいたっている。悪の止揚として善があり、善の発揚として悪があること、つまり善と悪とは互いに助けあいながら存すること、そういう意味で善に即して悪あり、悪に即して善あり、悪なければ善もまた無いことをいったものである。これが善悪相資説であり、一種の効用論ないし必要論である。[33]

また、『涅槃経』「如来性品」にはつぎのように説かれる。

是れ諸々の衆生は、明・無明の業因縁を以ての故に、〔明・無明の〕二相を生ずるも、若し無明が転ずれば、〔無明は〕則ち変じて明と為る。一切諸法の善・不善等も亦復、是くの如く、〔善・不善の〕二相有ること無し。[34]

無明が転じて明になるように、悪が転じて善になる、というのが、まさしくこれであ

る。また、『維摩経』「入不二法門」には、

　電天菩薩曰く、「明と無明とを二と為す。無明の実性は即ち是れ明なり。明は

---

(32)　『法華玄義』巻五下・又た、凡夫の心は、一念に即ち十界を具し、悉く悪業の性相有り。祇《た》だ悪の性相は、即ち善の性相なり。悪に由りて善有り、悪を離れて善無し。諸悪を翻ずれば、即ち〔此れは〕善の資成なり。
　竹の中に火性有るも、未だ、即ち是れ火の〔焼く〕事あらざるが如し。故に、〔火性〕有るも而も〔物を〕焼かず。〔然れども〕縁に遇へば、〔焼く〕事の成じて、即ち能く物を焼くなり。

　悪は即ち善性なるも、未だ即ち是〔の善〕の事あらず。〔然れども〕縁に遇へば、〔善の〕事を成じて、即ち能く悪に翻ずるなり。竹に火有りて、火が出でて還って竹を焼くが如きなり。

　悪の中に善有りて、善が成じて還って悪を破す。故に、〔善は〕悪の性相に即す。是れ善の性相なり。（大正三三・七四三下25—七四四上3）

(33)　田村芳朗「善悪一如」（『仏教思想2、悪』所収、平楽寺書店、一九七六年）一六九頁—一七〇頁。

(34)　『涅槃経』巻八「如来性品」大正一二・四一一上22—24。

亦た取る可からずして、一切の数を離る。其の中に於いて、平等無二なる者、是れを不二法門に入ると為す」と。[35]

とも説かれ、明と無明とは平等不二であり、無明の実性は明にほかならない、と示される。これは、善と悪とは平等不二であり、不善の実性は善にほかならない、ということにもなる。

そして、『維摩経』「仏道品」には、有身見・無明・貪欲・瞋恚などの煩悩が仏になる種である、とも説かれる。[36]その理由が、譬喩とともにつぎのように説かれる。譬えば、蓮華は、高原の陸地には生じないが、泥沼のなかでは生長していく。同じように、無為法を観じて仏門に入ろうとする者には菩提心は生じないが、泥のような煩悩にまみれている者は、菩提心を起こすことが可能になる。[37]あるいは、種子は、空中にあれば発芽しないが、糞などの混入する土壌のなかにあれば、発芽し生長する。同じように、無為法を観じて仏門に入ろうとする者には菩提心は生じないが、我見などの多く

の煩悩にまみれている者は、菩提心を起こすことが可能になる。(38) また、大海のなかで

(35)『維摩経』巻中「入不二法門」、大正一四・五五一上16―18。

(36)『維摩経』巻中「仏道品」。是こに於いて維摩詰は文殊師利に問ふ。何等をか如来の種と為すや、と。

文殊師利言はく。有身〔見〕を種と為し、無明・有愛を種と為し、貪・恚・痴⑪を種と為し、四顚倒を種と為し、五蓋を種と為し、六入を種と為し、七識処を種と為し、八邪法を種と為し、九悩処を種と為し、十不善道を種と為す。要を以て之を言はば、六十二見、及び一切の煩悩は皆な是れ仏の種なり、と。(大正一四・五四九上28―中4)

⑪大正本「礙」を「痴」に訂正

(37)次掲文は、前註の所掲文に続いて説かれる。

『維摩経』巻中「仏道品」。曰く。〔上の所説は、是れ〕何の謂ぞや、と。

答へて曰く。若し、無為〔法〕を見て正位に入る者なれば、復た阿耨多羅三藐三菩提心を発すこと能はず。譬えば、高原の陸地には蓮華を生ぜず、卑湿の淤泥に乃ち此の華を生ずるが如きなり。是くの如く、無為法を見て正位に入る者は、終に復た能く仏法を生ぜず。煩悩の泥中に、乃ち、衆生有りて仏法を起こすのみなり。(大正一四・五四九上中4―9)

(38)『維摩経』巻中「仏道品」。又た、種を空〔中〕に殖ゆるも終に〔芽の〕生ずることを得ざるも、糞壌の地ならば乃ち能く滋茂るが如きなり。是くの如く、無為の正位に入る者

なければ価値のある宝を得ることができないように、煩悩の大海に入らなければ、価値のある宝を得ることができない(39)。

ここには、悪が善になるということにとどまらないで、煩悩（悪）があるからこそ、如来（善）になることができるということを、淤泥に咲く蓮華などに譬えて説く。逆にいえば、如来になるために煩悩は欠かすことのできないものであり、煩悩が成仏に際して積極的にはたらく、ということである。

このように「無明、転じて即ち変じて明となる」「無明の実性は即ち是れ明なり」「一切の煩悩を如来の種と為す」というように、悪が善に転じたり、悪がそのまま善であったり、悪こそが如来の種である、という、悪を肯定的にみる見方が、大乗経典には説かれる。

第五項　まとめ

以上、初期仏教から大乗仏教にいたるまでの善悪観をみてきた。これをまとめると、つぎのようになる。

初期仏教では、世間的立場に立脚する善悪と出世間的立場に立脚する善悪とが説かれ、同時に世間的な相対的善悪を超えたところにこそ、出世間的な絶対的善の世界がある、ということも説かれる。

また、アビダルマ仏教や瑜伽行派では、多くの善悪の定義や種類が説かれ、初期仏教の世間的立場・出世間的立場からみた善悪が、より詳細に論じられる。

は仏法を生ぜざるも、我見を起こすこと須弥山の如くなるも、猶、能く阿耨多羅三藐三菩提心を発して、仏法を生ず。（大正一四・五四九中9―12）。

(39)『維摩経』「仏道品」・是の故に、当に、一切の煩悩を如来の種と為す、と知るべし。譬へば、巨海に下らざれば無価の宝珠を得ること能はざるが如きなり。是くの如く、煩悩の大海に入らざれば、則ち一切智の宝を得ること能はざるなり。（大正一四・五四九中12―15）

また、大乗仏教になると、相対的善悪を超えたところに絶対的善の世界があると説く初期仏教などの善悪観に対して、相対的善悪も絶対的善も一如・不二であると説かれ、悪が是認される。そして、さらにそれを一歩、進めて、悪こそが菩提心をもたらす要因である、と説かれ、悪が全面的に肯定される。これら一連の流れは、人間をひとつの鋳型にはめこみ、それによってその是非を判断しよう、という考え方から、白色白光・赤色赤光といわれるような、ひとり一人の人間の個性の尊重へという、人間観の変遷を示しているように思われる。

第三節　真宗における善悪観

ここでは、親鸞聖人の善悪観を、上述の初期仏教などに説かれる善悪観と比較しながらみてみよう。

親鸞聖人は、相対的善悪を離れ、絶対他力の世界という絶対的善の世界へ身を投じ

なければならない、と説かれる。そのことを表すのは、『歎異抄』に、

聖人のおほせには、善悪のふたつ惣じてもて存知せざるなり。(40)

と説かれる善悪である。これは、前掲の『法句経』などに説かれる、世間的な善根である福徳に対する執著を越えた世界、いわゆる出世間的な次元の善悪と共通するものがある。また、「行巻」に説かれる、

経に説いて、煩悩の氷解けて功徳の水と成る、と言へるが如し。(41)

という譬えによって示される悪は、前掲の『維摩経』や『涅槃経』に説かれる善悪相資の観点と軌を一にするものである。また、「正信偈」に、

煩悩を断ぜずして涅槃を得るなり。(42)

---

(40)『歎異抄』真聖全二・七九二12。
(41)『教行信証』「行巻」真聖全二・三九10—11。
(42)『教行信証』「行巻」真聖全二・四四2。

と説かれるなかの善悪は、前掲の『維摩経』や『涅槃経』に説かれる「善悪一如」という考えに通じるものがある。これと同意のことは、『維摩経』「弟子品」にも、

　煩悩を断ぜずして而も涅槃に入る。(43)

と説かれる。また、『論註』の荘厳清浄功徳の不思議を明かすなかにも、煩悩を断じていない凡夫が、浄土に生まれるならば、それ以前に為した業の果を引くことなく、涅槃を得る、と説かれる。(44)

　これらの所説によって、空思想を説く『維摩経』の善悪一如が『論註』にひきつがれ、さらには、それが「正信偈」の所説へつながっていることがわかる。

　他方、アビダルマ論書や瑜伽系論書に説かれる善悪観は、世間的な倫理道徳としてのものさしを示す。このことは、『末灯鈔』に、煩悩を有するからといって、心の趣くままに身・口・意に悪業をなしてはならない。酔いのさめない内に酒を飲み、毒を除去していないのに毒を勧めるようなことは、あってはならない、(45)と説かれ、悪が誡

められるところにも表されている。

このようにみてみると、親鸞聖人は、初期仏教ないし大乗仏教という仏教の流れのなかに説かれる善悪観を踏まえて、阿弥陀仏に救われていく世界を開顕されている、

---

(43)『維摩経』巻上「弟子品」大正一四・五三九下25。

(44)『論註』巻下・此〔の荘厳清浄功徳成就〕は、如何が不思議なるや。凡夫人の煩悩を成就せるもの有りて、亦た彼の浄土に生まるることを得れば、三界の繋業は畢竟じて〔果を〕牽かず。則ち是れ、煩悩を断ぜずして涅槃の分を得。いずくんぞ思議す可きや。

（真聖全一・三二九4―5）

(45)『末灯鈔』第二十通・　煩悩具足の身なればとて、心に任せて、身にもすまじきことをも許し、口にも言ふまじきことをも許し、心にも思ふまじきことをも許して、いかにも心のままにてあるべし、とまふしあふてさふらふらんこそ、かへすがへす不便にもおぼえさふらへ。酔ひもさめぬ先になを酒をすすめ、毒も消えやらぬに、いよいよ毒を勧めんが如し。薬あり毒を好めとさふらふらんことは、あるべくもさふらはずとこそ、おぼえさふらふ。

（真聖全二・六九〇15―六九一5）

＊このなか、読みやすくするために、ひらがなを漢字に直した箇所がある。

ということがわかる。そこには、聖人の、仏教全般に対する深い配慮と、また、仏教の相承のなかで真宗を位置づけ、絶対他力の世界が仏教の流れから逸脱するものでない、ということを示そうとなさっている意趣が窺われる。

また、人間は相対的善悪の世界のなかで、一喜一憂しながら、ひたすら喜楽を求めて生き続けている。そして、その喜楽は、といえば、まさしく、かげろうのごときものに過ぎない。人間はそれを超えないかぎり、安心立命はない。しかし、ひたする追い求めているその喜楽はかげろうのごときものである、と知的あるいは心情的には理解することができても、それを放棄することのできないのが、悲しいかな、人間の実状・本性である。

そこで、そういう相対的善悪の世界に執著する人間、いな、相対的善悪いいかえれば煩悩から離れられない人間をこそ、救いとろうとする仏の絶対他力に気づかれた聖人は、それを説かれた。このことは、初期仏教から大乗仏教へいたる仏教の流れのなかに示されている、といえるであろう。

初期仏教などに示される相対的な善悪を踏まえて、人間のもつ善の限界に気づき、一方で、それらを超える勝義善の世界、絶対他力の世界のあることが、真宗の教えには開顕されている。

著者紹介
武田宏道（たけだ　ひろみち）

昭和21(1946)年 広島県生まれ
龍谷大学大学院博士課程仏教学専攻修了
浄土真宗本願寺派宗学院修了
元中央仏教学院講師・元龍谷大学特任教授
浄土真宗本願寺派勧学・博士（文学）
現在　浄土真宗本願寺派正現寺住職
著書『阿毘達磨倶舎論本領の研究――界品・根品・世間品』
（共著、永田文昌堂刊）
『阿毘達磨倶舎論本領の研究――業品・随眠品』
（共著、永田文昌堂刊）

縁起に基づく無我・生死

2019年2月15日　印刷
2019年2月25日　発行

著　者　武田宏道
発行者　永田　悟　京都市下京区花屋町通西洞院西入
印刷所　図書印刷 同朋舎　京都市下京区中堂寺鍵田町2
創業慶長年間
発行所　永田文昌堂　京都市下京区花屋町通西洞院西入
電　話(075)371－6651番
FAX(075)351－9031番

ISBN978-4-8162-1141-6 C3015